楚尘
文化
Chu Chen

北京楚尘文化传媒有限公司 出品

观潮丛书

谜一般的七支刀

五世纪的东亚与日本

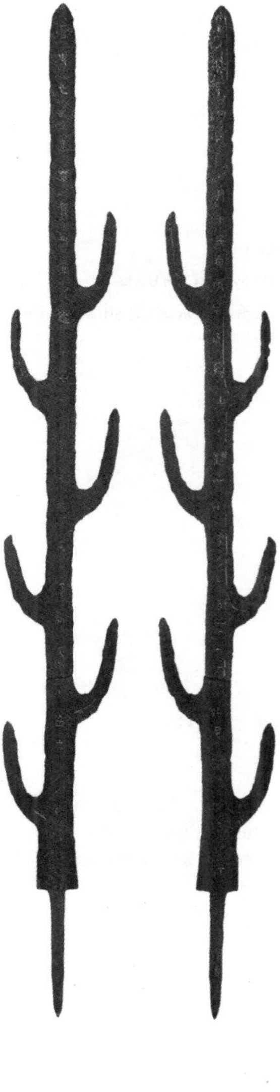

[日] 宫崎市定 著
马云超 译

中信出版集团 · 北京

图书在版编目（CIP）数据

谜一般的七支刀 /（日）宫崎市定著；马云超译
. -- 北京：中信出版社，2018.1
ISBN 978-7-5086-7990-7

Ⅰ. ①谜… Ⅱ. ①宫… ②马… Ⅲ. ①兵器（考古）－研究－日本 Ⅳ. ①K883.135.8

中国版本图书馆CIP数据核字(2017)第192518号

谜一般的七支刀

著　　者：［日］宫崎市定
译　　者：马云超
出版发行：中信出版集团股份有限公司
（北京市朝阳区惠新东街甲4号富盛大厦2座　邮编　100029）
承 印 者：北京华联印刷有限公司

开　　本：880mm×1240mm　1/32
印　　张：6.75
字　　数：140千字
版　　次：2018年1月第1版
印　　次：2018年1月第1次印刷
京权图字：01-2017-8149
广告经营许可证：京朝工商广字第8087号
书　　号：ISBN 978-7-5086-7990-7
定　　价：48.00元

图书策划：楚尘文化

自序

我的七支刀研究诞生于一段奇妙的机缘。

每年的 11 月 3 日是我们东洋史研究会召开大会的日子。作为会长，我必须在固定的日期、固定的时刻致开幕词，二十年来年年如此，终于没有了可以说的内容。既然这样，仅仅宣布开幕后就退场似乎是一个好主意，但这其实也是行不通的。也许是作为庆祝日的活动，大家都有些精神松懈的缘故，早上所能聚集的人数很不乐观。人数过少对于发表者而言未免窘迫，所以干事方面拜托我尽可能把致辞拉长，从而争取些时间。

这一过程中我终于领悟到，学会的开幕词可以不同于婚礼的祝词和学校活动的致辞。如果稍稍披露一些学问方面的逸事，对于听众来说也许多少能够有所裨益。

于是我就要考虑说什么，话题还是不与演讲者的发表内容交叉为好，这样既安全又不失礼貌。昭和五十四年（1979）的时候，我首次提及七支刀铭文的读法，以之前的想法为基础，大约花去了十分钟的时间。一旦在公众面前发表，自然就如同成为自己的研究课题，萦绕在脑海里。

到第二年大会的时候，又会出现许多需要修订的部分，于是就有了新的话题。

七支刀是日本古代史上无法避开的重要问题，同时也与东洋史有着密切的关联，所以我从很早开始就对此颇为关心。学问上的课题一旦集中到了一点，就会越挖越深。从那以来经过多次增补，到昭和五十六年（1981）年末大体得出结论，自信没有太多问题了，于是下决心把主体部分整理成一篇简短的论文。然而一旦着手，执笔过程中又不断有新的发现。这篇论文于昭和五十七年（1982）发表在《东方学》杂志的第六十四辑上。

众所周知，收藏在大和石上神宫的七支刀是一把历史悠久的宝刀，相传是神功皇后[1]时代传来的。刀身正面有错金[2]铭文三十四字，背面有二十七字，但都剥落严重。幸而百余年来经过前人的不懈努力，铭文的十之八九都得以解读，问题是剩下的部分，其中还包含着至关重要的文字。因此，为解读剩余文字而进行的最后努力至今仍在继续。

我的七支刀研究主要是文献学性质的研究，但这绝不意味着将考古学的、即物性的研究置之度外。

昭和五十五年（1980）十月，奈良县立橿原考古研究所附属博物馆为庆祝新馆开张，举办了“大和出土的国宝和重要文化遗产展”。听说七支

1 神功皇后：日本古代传说中的人物，生卒年不详。据说是仲哀天皇的皇后、应神天皇的母亲，曾率军渡海征讨三韩，事见于《古事记》《日本书纪》等。——译者注（如无特别说明，以下皆为译者注）

2 错金：也称“金错”，金属丝镶嵌工艺的一种。在金属器物表面嵌入金丝或金片，锤打压实后用磨石将所嵌金属磨平，再用皮革、绒布蘸清水反复磨压，使其表面光滑明亮，花纹清晰。

刀也在公开陈展之列，我便欣喜地前往参观。但是我的期待落空了，七支刀被放置在竖长的玻璃柜中，照明产生了反光，视线很差，除去早已发表的字形外，并没有什么新的发现。

靠肉眼凝视所能完成的工作已经到达极限了。能够看到的都已经看到，今后只要不是猫眼、鼠眼之类，恐怕很难产生新的见解。尤其是昭和五十七年（1982）二月出动了 NHK[1] 调查班，首次尝试了 X 光透视，但据说也没有获得任何新的发现。现在的问题在于，用什么样的方法将至今看到的内容充分利用起来。这也就意味着，我们必须承认问题已经转移到了文献学研究的领域。

就像填字游戏中预想到某个意思后在空格中填入文字，或者是猜数字游戏中从理论上补出缺少的数字一样，这里所说的文献学研究就是根据铭文本身的性质，利用汉文中的惯用文体等制约因素，反向推理出所需要的文字。

特别需要说明的是，人们往往将研究的态度、方法分为三六九等，并带入对结论的评判之中，这样的倾向在日本尤其明显。过去一些马克思主义学者就是以这样的方法，武断地抹杀了古人和前人的成果，但一旦被问起自己有什么样的业绩，结果只能是哑口无言。

在我的学生时代，学界关于法隆寺[2]重建非重建的争论正如火如荼地

---

1 NHK：日本放送协会的简称，其本部位于东京。

2 法隆寺，又称斑鸠寺，位于日本奈良生驹郡斑鸠町，是建造于飞鸟时代的佛教木结构寺庙。寺庙分东西两院，保存了飞鸟时代以来的建筑及文物珍宝。相传为圣德太子所建，现为佛教圣德宗的总本山。

展开。非重建说一方大多是建筑史家和考古学家，他们主张自己的学说是建立在研究实物基础上的写实性研究，而不像主张重建说的喜田贞吉博士[1]那样，只是出于文献学的空论。加上将日本国宝的年代尽可能断定得古老这一爱国心的驱使，从形势上来看，学界的舆论明显有利于非重建说，重建说甚至沦为了喜田贞吉博士个人的学说。

但是结果如何呢？五六十年后的今天，我们已经探明了比现在法隆寺更早建成的若草伽蓝[2]的境内全貌，再也没有人质疑喜田博士的结论。我认为，在这场论战中整个日本学界可谓犯了一个重大的错误：学问就该从纯粹学问的角度去评判其成果正确与否，如果基于派系、形势、路线而主观臆断，那是对学问的亵渎。

法隆寺非重建说号称是写实性的，但实际上毫不写实，一旦展开真正写实的调查，他们的谬误自然就大白于天下。我们不应该从一开始就拘泥于写实性的还是文献性的，而是在统揽全局之后，再冷静地判断哪一方更为合理。

七支刀是制作于距今一千几百年前的古物，其保存状态绝不能说良好，所以有若干文字完全剥落而没有留下任何痕迹，可以说是理所当然的。无

1 喜田贞吉:1871—1939，日本历史学家，京都大学教授。他从文献资料的研读入手，同时重视考古学、建筑学的实物研究与实地调查，在日本民族形成、法隆寺重建、部落研究等多个领域都有重要贡献。曾组织日本历史地理学会，创办了《历史地理》杂志。

2 若草伽蓝：指法隆寺西院伽蓝东南部发现的寺院遗址，一般认为是法隆寺初建时的遗迹。

论采取怎样的手段，已经消失的东西就再也看不见了，但看不见不意味着要放弃研究。

研究中经常会有这样的情况，起初看起来十分顺利，中间却在某一个点上碰壁。当无论如何都难以继续前进，只能不停地原地踏步的时候，只要改变原有的方向，动摇至今为止的常识，就一定能够找到全新的方法来把握前进的线索。这就是七支刀研究的现状，我想为此提供一种方案。

昭和五十八年（1983）六月

宫崎市定

目 录

序 章

日本古代史中的不可思议之事

两大奇迹

纵观日本古代史，着实不可思议之事正在奇迹般地上演着。将近两千年前，倭奴国王从东汉光武帝处获赐的金印，江户时代在九州的海岸重见天日，一直流传至今；据说神功皇后时期由百济国奉献而来的七支刀得以完整保存，现今依然沉睡在大和石上神宫的宝库之中。这两大事实堪称古代史上的双璧，若论奇迹，恐无能出其右者。

金印的由来众所周知，在中国的第三部正史《后汉书》的纪中，记录了光武帝中元[1]二年(57)东夷倭奴国王遣使朝贡之事，同书《东夷列传》

1 中元：一作“建武中元”，东汉光武帝的第二个年号，公元56—57年。

中也有相同的记载，还附加了光武帝赐予印绶的记录。不过，关于印面的内容是如何雕刻的，则没有留下记载。

《后汉书》和中国的其他正史一样，都是根据朝廷的记录编纂的，其记述十分可信。因此，倭奴国王的使者来到东汉的国都洛阳，恐怕还拜见了光武帝，获赐相当于国王之位的金印，这些都可以认定为无可争议的史实。但是，除此之外还遗留下了许多问题。

首先是关于“倭奴国”的读法，是将“倭奴”连起来看作一个固有名词，还是分开来读作“倭”中的“奴”国，这两种观点是相互对立的。我的大学老师中也有不同的看法，内藤湖南[1]博士将倭奴看作**ヤマト**（大和）的音译，发表过著名的《卑弥呼考》一文。先生的观点总是独具匠心，赋有走在时代前列指引众人的力量。不过反对的意见也有不少，比如桑原骘藏[2]博士就和那珂通世[3]博士一样，采用了“倭之奴国”的读法。

我是倾向于后者的，也就是把“倭之奴国”理解为西汉时代起分为百余国的倭人国之一——奴国。奴国的名称不见于《后汉书》，但在随后的

---

1 内藤湖南：1866—1934，本名虎次郎，字炳卿，号湖南。日本东洋史学京都学派创始人之一，其研究领域博大，涉及中国上古、中古、近世史通论及文化史、史学史、美术史等。他提出的中国历史分期法、唐宋变革论、六朝贵族社会论等学说，至今对学界影响深远。

2 桑原骘藏：1871—1931，日本东洋史学家，京都大学教授。与内藤湖南等人共同创立了东洋史学京都学派，结合清朝考证学与西洋文献学的研究方法，在中国史和东西交通史领域有突出建树。

3 那珂通世：1851—1908，明治时期著名东洋史学家，东京帝国大学教授。师承福泽谕吉，致力于中国、日本和朝鲜的古代史研究，在中国元朝史研究和日本历史纪年问题上成果最大。

正史《三国志》的《魏书·倭人传》中出现了两次。奴国的所在地尚未判明，但作为北九州的一个大国是可以明确的。如果这样读的话，说明当时倭人所居住的岛国还没有形成统一政权，独立的小国各地林立，其中比较强大的奴国国王最早向东汉派遣了朝贡使，其国王的地位获得了光武帝的认可，并且还带回了获赐的印绶。

委奴国王金印

进入江户时代的天明[1]四年（1784），在隶属于今天福冈县的志贺岛叶之崎，一名农夫从大石底下发现了金印。黑田藩的藩儒龟井南溟经过观察后，认定这就是东汉光武帝赐给奴国王的金印，在其所著《金印辨》中首次介绍给了世人。

这枚金印的印面上刻有“汉委奴国王”五个字，围绕其形状和印文激起了种种疑问，真伪之争不断在学界发酵，论战一直持续到了现今的昭和时代。

学界的大势似乎倾向于认同金印是真品，如果确是这样，那真称得上

1 天明：日本光格天皇的第二个年号，1781—1788 年。

历史的一大奇迹了。试想，一世纪中叶东汉天子赐予倭人国朝贡使的金印，经历了一千七百二十七年的岁月，在恐怕未存在过都城的筑前国海岸，几乎完好无损地被发现了。

当然，金印是后世伪作的声音也从未停息过。我在第三高等学校担任教授时的同僚，其实是大前辈的中村直胜[1]教授也是其中之一，他被称为古文书学的第一人。我曾就金印之事咨询中村教授，他若无其事地回答道："可疑啊，无论怎么说，真品有两个呢。"金印的真品居然有两个！这可是晴天霹雳般的话，不过我也是到了后来才知道其中的缘由。昭和五十五年（1980）八月，朝日新闻社在京都高岛屋主办"通往邪马台国的道路展"，其间细心的观众恐怕都隐隐察觉到了诡异，只不过现今我也没有更多东西值得拿出来说。

七枝刀传说

同样是奇迹，七支刀的情况却有所不同。关于七支刀的古典文献，可

1 中村直胜：1890—1976，日本大正、昭和时期历史学家，师从三浦周行研究古文书学，后任日本古文书学会会长。此外在日本南北朝史、庄园经济史、艺能史等领域也有重要研究。

以举出《日本书纪》[1] 卷九"神功皇后五十二年（252？[2]）九月丙子"条的记载，大致意思是这样的：

百济肖古王会见日本使者千熊长彦等人，献上七枝刀一口，七子镜一面，及各种珍宝，以求友好。

《日本书纪》历来被视作日本最根本的经典，对其内容的批判虽因时代不同而或宽或严，但终究是忌惮颇多。不过，《日本书纪》在纪年上存在很多不合理之处，这一点早在明治时代就已经被指出来了。《书纪》记载，百济肖古王[3] 死于神功皇后五十五年（255），但根据朝鲜史书《三国史记》[4] 的年表，肖古王的在位时间是 166—213 年。255 年时，肖古王早已经去世，连他的儿子仇首王和孙子沙伴王都去世了，当时是肖古王的弟弟古尔王在位的第十九个年头。不过，《三国史记》的年代观也不能完全相信，因为此书的成书时代太晚，是高丽王朝[5] 的 1145 年由金富轼等人奉国王之命撰写的，当时的中国已经进入了南宋，可以说是非常后世

1 《日本书纪》：简称《书纪》，成书于奈良时代养老四年（720），舍人亲王总裁，是日本现存最早的国家正史。全书三十卷，记载了自神代到持统天皇年间的历史，另有谱系图一卷已经散佚。

2 此处的问号表示作者对于这一年份比定持怀疑态度，下文还有多处这种用法，不再一一注明。

3 肖古王：据《三国史记》记载，为百济国第五代王，实名和生卒年不详，第四代盖娄王之子，在位期间多与新罗征战。

4 《三国史记》：高丽王朝时期由朝臣金富轼奉命编写的纪传体史书，成书于 1145 年，记述了从三国（新罗、高句丽、百济）建立到新罗末年的历史，包括本纪、年表、杂志、列传，共 50 卷。

5 高丽王朝：又称王氏高丽，918 年由王建建立，936 年统一半岛，定都开城，以佛教为国教。经历 34 代君主，1392 年被李成桂所灭。

的编纂物了。

虽说日本的纪年和朝鲜的纪年都不能绝对信任，但唯独百济向日本赠送七枝刀的内容可以证明为史实，因为七枝刀的实物现今就保存在日本。其实，由于实物上含有“七支刀云云”的铭文，“七枝”应该写作“七支”，但“枝”和“支”无论发音还是字义都完全相同，所以将两者视作同一没有任何问题。如果一定要选的话，依据铭文写作“七支刀”是正确的。

传世品七支刀

位于奈良县天理市的石上神宫是一座正统的神宫，《古事记》[1] 中就已经出现过它的名字。尽管《古事记》中充斥着各种神灵的名字，但出现的神宫名却很少，石上神宫属于例外。一般认为，神宫的神域本来是朝廷的武器库，收藏着各种武器，七支刀也是其中的一种。七支刀的名称来源于其特殊的形状，主体部分类似于矛，两侧各交替伸出三条枝刃，合起来就是七个突出的刃。主体的正反两面共有六十一个黄金镶嵌的文字，随着

1 《古事记》：日本现存最早的历史书，和铜五年（712）由太安万侣编纂后献给元明天皇。全书分为上、中、下三卷，记载了天地诞生到推古天皇期间的神话和历史，同时也是神道教的重要经典。

时间流逝，错金铭文已经被铁锈覆盖而难以辨认，最终连其存在都被人们遗忘了。直到明治七年（1874），铭文经大宫司菅政友之手才得以重见天日。如果依据《日本书纪·神功纪》中献刀的年份，也就是 252 年计算的话，其间过去了 1622 年的岁月，这难道不是奇迹般的事实吗?

菅政友(1824—1897)生于水户德川侯[1]的藩医家庭,师从藤田东湖[2]、会泽安[3]修习国学，进入彰考馆[4]后从事《大日本史》[5]志表部分的编纂工作。到了明治时代，菅政友成为石上神宫的大宫司，在任期间清点神宫中保存的物品，并注意到了七支刀的存在。菅政友推测铁锈之下应该有铭文存在，于是剥去锈斑，磨出了下面的错金铭文。由于当时无法如今天般使用 X 射线进行透视等方法，去除铁锈的手段不免粗暴，但这也是无可奈何的。总之，当时为止完全不为人知的长段铭文借此重见天日。这一工作中难免损伤到了镶嵌的金线，特别是金粉飞溅出来粘在其他地方，混淆了金线的真假，也使识读变得更加困难。

---

1 水户德川侯：水户藩第 12 代藩主德川笃敬在明治维新后被赐予侯爵，故有此称。

2 藤田东湖：1806—1855，名彪，号东湖，江户时代末期水户藩藩士、藤田派学者，与户田忠太夫合称“水户藩双璧”。著有《东湖随笔》等，其尊王攘夷思想对全国攘夷志士影响深远。

3 会泽安：1782—1863，号正志斋，江户时代后期水户藩藩士、藤田派学者、思想家，著有《新论》《千岛异闻》等。

4 彰考馆：江户时代水户藩为编纂《大日本史》而设立的修史局，创始人为第二代藩主德川光圀（1628—1701），馆名取自《春秋左氏传》杜预序中“彰往考来”一语。

5 《大日本史》：日本的纪传体史书，江户时代德川光圀开始编写，到明治时代才全部完成。全书由本纪、列传、志表构成，共 397 卷 226 册，记录了从神武天皇到后小松天皇的百代历史。

菅政友的调查

菅政友于明治三十年（1897）病故，享年七十四岁，留下了著述《菅政友全集》三卷。其中，他在七十岁时写作的论文中保存着七支刀的考证笔记，文中推定此刀为西晋泰始四年（268）由百济国进献给日本，正是《日本书纪》中所见的七枝刀。这是基于他磨出的长段铭文的最初两字读作“泰始”而得出的结论，但其实这两字中只有“泰”是毫无疑问的，下一个字因笔画残缺而难以判断。正因为如此，“疑义百出，异论蜂起”的状态直到今天都一直持续。

七支刀的情况虽在《日本书纪》中有记载，但并不能完全相信，其刀身虽有长段铭文，但因剥落严重而难以把握完整的含义，这种隔靴搔痒、令人焦急的状态正是它的特色。既然对于《日本书纪》的原典批评如今已难以更进一步，即便努力也无法期待成果，那么最能够接近真相的方法就是基于七支刀本身，推进铭文的把握和解读了。也就是说，我对于至今的各家学说，心中仍有许多无法理解以及不满的地方。研究学问就像是寻找掉在地板上的别针，虽然已经有众多学者殚精竭虑地进行了探索，但如果以不同的眼光重新审视，依然能够意外地发现遗漏的东西。投入与众不同的全新手段，无论多少次都是必要的。

我的七支刀研究

在本书构想基本确定，该写的内容也已经完备的昭和五十五年（1980）十月，橿原考古学研究所附属博物馆举办了新馆开张的纪念展。借此机会，石上神宫的七支刀仅在这一期间做特别展出。得知这一消息后，我立即赶赴现场，因为铭文中还有两三处文字需要做进一步的确认。但是如前文所说，我站在比我还高、覆盖着玻璃的陈列柜前，不由得感到失望。由于照明过于昏暗，镶嵌的金线无法识别，就连正面也只能看得很朦胧，背面虽然放置了镜子用于反射，但完全没有起到作用。如此，我只能下次再来了。

坐在回家的电车中，我思考着如何才能有机会接近刀身，进行更直接的观察。找门路的方法似乎很多，我只是纠结于哪一种才最为有效。尽管方法很多，但还是会顾忌到给别人添麻烦。就在思考的过程中，我越发觉得这样的想法十分愚蠢。

虽然隔着玻璃，但根据我的观察，镶嵌的痕迹都很浅，即便拿在手里细看，也难以有什么决定性的收获。更何况已经有了多位学者的观察，看不清的地方依然是看不清的，之所以意见分歧，就是因为有着多种多样的看法。观察本身已经足够了。所谓的历史学，其本质就是把通过他人之眼看到的东西作为史料进行探讨。自己直接成为历史的行动，这几乎可以说是没有的。再者，通过他人之眼进行观察，结果却比身在漩涡中的当事人更能把握事情的真相，这不正是历史学的本领吗？即便漩涡中的当事人有意隐藏了什么，历史学家也应该具备通过间接的、第三方的感觉，一眼识破其中关键的才能。

想看宝物啊

我还有个一直以来的主张，那就是关于世间常有的对基本史料的盲目迷信。比如一旦有高松冢古坟[1]壁画那样珍奇的发现，群众就会争先恐后地涌来。这种情况下，有些物品不宜公开展示，因为它十分脆弱，很容易遭到损坏。管理者方面既然对保管负有全责，设定参观限制是理所当然的，但动辄就会听到“特权者想把全体国民的宝物占为己有”的非难。甚至在研究者中也能听到类似的声音，这真是让人遗憾万分。实际上，

1 高松冢古坟：位于奈良县高市郡明日香村，因坟丘上有松树而得名。1972年，考古发掘队对高松冢古坟进行发掘，在石室内部发现了约为公元7世纪后期的壁画。由于首次发现包含星象、四神、人物群像等内容的精美壁画，在当时的日本社会引起了极大的轰动。

如果许多人都争着去看容易损坏的宝物，即便能够看上一眼，这也和科学的普及毫无关系。除非是颜料、涂料方面的专家，对于一般人而言复制品就足够了。我始终没有去过高松家，也从来没有产生过想看一眼的念头。

进一步而言，如果直接接触史料是期待着世人会看重自己的发言和议论，那么这种态度本身就是不公平的。研究者应当获得均等的机会，在同样的条件下进行作业，这是根本性的原则。如果想着独占追求特殊便利的权利，这或许就是学问堕落的开始。

我一边这样思考着反省自己，一边乘坐近铁吉野线的特快列车踏上了归途。

七支刀铭文的性质

七支刀的铭文正面有三十四字，背面有二十七字，合计应该是六十一字，但其中包含着完全磨灭剥落以至无法认读的文字。本来，文字的左右两侧刻有分隔线，就像便笺上的竖线一样，文字等间距地分布在其中，以此为基准就能知道文字的数量。这些分割线原本也是错有黄金的，但如今只剩下了一点点痕迹。从美观的角度来说，金线的镶边是理应具备的。

依据至今为止的研究成果，全文六十一个字中，一定程度上能够确切读出的有四十九字，完全无法读出的有四个字，其余八个字只能通过残存的笔画进行推测。虽然存在这样的部分性欠缺，但领会大体的意思仍然是可能的。其实，能够判定出铭文的正面和反面，也就是因为读懂了其中的部分含义。

现今研究阶段下可以说的是，正面的铭文和背面的铭文在性质上大相径庭。正面的铭文类似于世间广泛流行的镜铭，首先是制作的年月，其次是关于铸造的规定句式，也就是套话，最后以记录直接从事制作的工人的姓名结束。

背面铭文的性质则截然不同，尽管因重要文字的缺损而无法精确把握其中含义，但还是记录下了赠送给倭王、在百济制造这一层意思。需要注意的是，其中并没有将刀赠送给倭王的句子，也就是说这不是外交文书，只不过是百济国内相关人员的私人文书。但文书的内容无疑与外交相关，所以是以外交为目的的文书，或者可以说是准外交文书。

在解读文章之前就谈及文章的性质云云，也许会被批判为主观臆断。但其实并非如此，这是以省去无用的劳动、节约精力作为目的的。也就是说，既然看破了它类似于镜铭，就打开了解释为惯用套话的道路，既然处理为准外交文书，在进行释读的过程中就要时刻把当时的外交礼仪放在心上。

如果铭文的内容具有连贯性，就应该把六十一字分成数量大致相同的两个部分，但实际上却是正面三十四字、背面二十七字的不均等分法。这无非就是如前文所说的两者性质截然不同的结果。注意到这一点，可以说是解读铭文所必备的第一步。

由于七支刀本来是武器，相关研究或许也应该把它作为武器，以它的形状和材质作为主要题目。但是，七支刀有刀之名而无刀之实，它呈矛的形状，刀柄上连固定用的钉孔都没有，所以无论如何都难以想象这是在战场上发挥作用的利器。如今对于我们而言最有价值的，就是镶嵌在刀身上的铭文。七支刀之所以成为七支刀，也正是因为有了这一段铭文。因此，我在研究中把铭文作为主要题目，正文中所提到的七支刀也都是指代因刻有铭文而获得价值的七支刀。慎重起见，我想在这里重申这一点。

第一章

七支刀研究的回顾

一　明治时期

文明开化与国学

明治初年通常被称为“文明开化”的时代。从这个词语联想开去，人们往往认为世间的一切都在一味欧化，但事实并非如此。由于明治维新的原动力是“尊王攘夷”，作为攘夷党的萨长[1]势力在掌握政权之后，即便试图快速转变方向、呼吁欧化政策，长久以来的惰性也是无法急遽转变的。于是，伴随着久远的《大宝令》[2]中神祇官的复活，神道教的势力逐渐抬头，一面推行残酷的基督徒迫害政策，出现了大量的殉教者，一面又在神佛分离的旗号下，对佛教徒进行镇压。在这样的情形下，探寻如何对神社的宝物进行科学的调查这一过程本身也不失为一个有意思的课题。

---

1 萨长：指江户时代的萨摩藩和长州藩，是幕末倒幕运动中的主力，明治政府成立后占据主导地位。

2 《大宝令》：大宝元年（701），日本朝廷参考唐朝律令制定了《律》6卷、《令》11卷，合称《大宝律令》，是日本历史上最早的完整律令。其中“律”相当于刑法，“令”主要相当于行政法。

大和国布留乡的石上神宫是一所正统的神社，其名在《古事记》中就已经出现。人们倾向于认为，作为神道经典的《古事记》中会出现大量有关神社的记载，但实际情况相差甚远，除伊势神宫、三轮神社外，只有石上神宫是纳入记载的。

皇室对石上神宫的信仰也十分笃厚，特别是得到权倾一时的豪族物部氏[1]的护持后，石上神宫就作为朝廷的武器库，以保管着历代众多的刀剑而知名。刀剑中最引人注目的，就是这柄长约二尺五寸（约 74 厘米）的矛形利器，主体左右各交替伸出三支利刃，所以依据形状被称为“六叉矛”。六叉矛的来历早已失传，神宫方面也不清楚，没有留下相关记录。不过，六叉矛被视为神宫中的神剑，即便是神职者，在忌火清净之前都不得用手触碰。每年六月在神田举行植田祭[2]时，神官都会骑在马背上，一边挥舞着号称神物的六叉矛，一边进行渡御[3]的仪式。

大宫司菅政友

明治七年（1874），菅政友被任命为石上神宫的大宫司，在任四年时间（1874—1877）。任职上的菅政友打开了严密封存的木箱，从中发现了形状奇特的六叉矛。红黑色铁锈覆盖了整个矛身，仔细观察的话，可以看见多处闪烁着微弱的金色，这分明暗示着铁锈之下藏有铭文。

1 物部氏：日本大和朝廷的权势氏族，世代掌有军权。6 世纪后期在是否接纳佛教的问题上与苏我氏对立并开战，战败后势力衰弱。

2 植田祭：寺院、皇室等在领田上举行的仪式，其间模拟农耕的过程，向神灵祈祷丰收。

3 渡御：指神社祭礼中神灵乘坐神舆、船只等巡幸的仪式，分为陆渡御和海上渡御。

菅政友出生在水户藩的儒医家庭，师从藤田东湖、会泽安修习国学，出仕藩主德川齐昭[1]后进入彰考馆，从事《大日本史》的编纂工作。具有修史经验的菅政友本能地意识到史料的重要性，同时他也经历了文明开化这一时代思想的洗礼，具有一定的进步性。因此，看到来历不明的铁矛闪烁着金色，心中必定涌起了进行彻底的科学调查的想法。但是另一方面，他作为大宫司必须遵守神宫的传统，守卫神道的神秘性，站在这一立场的话，对相当于神物的社宝进行调查是大不敬的。大概经历了种种苦恼之后，菅政友最终决定着手研究神物。为了一睹闪烁金色的文字的真面目，他战战兢兢地磨去了铁锈，结果证明刀身的正反面分别存在着三十四个和二十七个文字。

菅政友最想知道的就是矛的制作年代。答案本该位于铭文的开头，不幸的是无论如何都难以识读。第一个字大体能识别出是“泰”，但第二个字就成了问题，左侧呈类似于单人旁的形状，右侧已经无法辨认。下面接续着“四年□月十□日丙午正阳造百练”的文字，除不明的两个字外，其余十二字基本都能没有异议地识读出来。但再往下的十八个字，以及背面的二十七个字，尽管也有不少能够识读，但就整体而言讲述了什么，则毫无头绪。

在今天看来，菅政友的调查是值得赞赏的功绩，我们甚至希望他能够

1 德川齐昭：1800—1860，江户末期水户藩藩主，三十岁继任藩主后着手藩政改革。1853 年美国佩里率舰来日时，参与幕政，负责海防工作，翌年因不满签订日美条约而辞职。后在将军继嗣问题上与大老井伊直弼对立，1859 年起被幽禁在水户，第二年因病去世。

做得更加彻底。但对于当时的菅政友来说，这是诚惶诚恐的行为，也是不愿让世间知晓的秘密。因此，他在任大宫司期间没有向别人透露过此事，似乎也没有留下记录，只是绘制了铭文的示意图加以保管，神宫中似乎也保存了一份。

菅政友的第一笔记

明治十年（1877），时年五十四岁的菅政友赴任太政官修史馆员，他离开神宫，投入到了修史事业之中。菅政友从大宫司一职中解放出来，也从神宫的束缚中重获自由，于是他开始把任职期间的调查结果以简短笔记的形式记录下来。当时，从朝鲜半岛传来的广开土王碑[1]石刻拓本给学界带来了巨大冲击，菅政友的工作很可能也是受此刺激的结果。广开土王碑拓本带入日本是在明治十七年（1884），菅氏笔记的书写则在第二年的明治十八年（1885），此时距离他开展实际调查工作已经是十年之后了。

这一笔记题为《石上神宫宝库所藏六叉刀铭》，首先介绍了铭文中能够识别的文字，后面附有解说，但几乎没什么内容。笔记中仅仅提及铭文字体与前年鸭绿江边出土的高句丽王碑相似，此刀无疑也是三韩的文物，但年号仍然无法识读。后来知晓的铭文中所包含的“七支刀”文字此时尚未读出，所以笔记题目中仍然使用了神宫方面流传的“六叉刀”的名称。

---

1 广开土王碑：全名为“国冈上广开土境平安好太王碑”，位于今天吉林省集安市。此碑是高句丽第 20 代王长寿王为其父亲好太王所立，碑身由角砾凝灰岩粗凿而成，环刻着长篇铭文。铭文内容包括高句丽建国传说，好太王的功绩及当时朝鲜半岛与日本列岛之间的关系，历来受到中外学者的重视。

营氏似乎是有意将这一篇笔记连同大陆传来的六种钟铭的笔记，合订命名为《外来金器文字记》，但其封面已经丢失，现在的《营政友全集》中，编者加上了《古钟及古刀之铭》的标题。

星野恒的论文

太政官修史局中有一位名叫星野恒（1839—1917）的年轻编纂官，他比营政友小十五岁左右。星野恒生于越后，二十岁出头来到江户，在当时的大儒盐谷宕阴[1]家充当学仆，八年间师从盐谷修习汉学。明治元年（1868）宕阴去世后，星野回到故乡，在越后府出任学校教官，明治八年（1875）再度上京，进入修史局。明治二十一年（1888），五十岁的星野恒被提拔为东京帝国大学文科大学的教授，此后讲习国史。第二年，以大学教官为中心的史学会成立，从第二年的明治二十三年（1890）起发行机关杂志，也就是《史学（会）杂志》[2]。

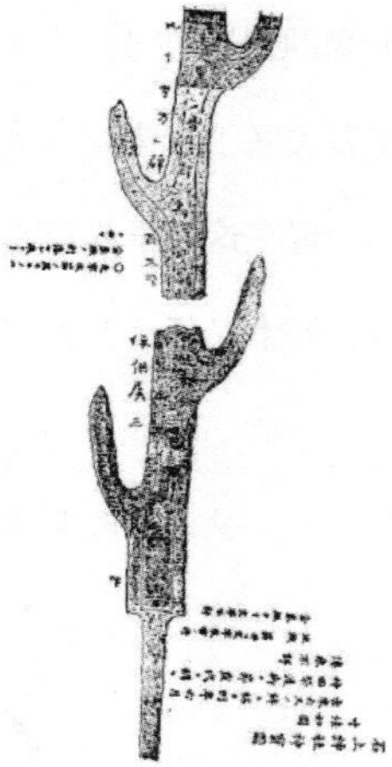

营政友的七支刀
摹写示意图（局部）

星野恒自第一编第一号起，几乎每号都亲自执笔，他在第三编第三十七号（即第十一号）

1 盐谷宕阴：1809—1867，名世弘，江户末期儒学者，师从昌平黉、松崎慊堂。出仕于远江挂川藩的太田氏，黑船来航时曾献策，著有《海防论》。

2《史学杂志》：日本史学会刊行的历史学月刊杂志，创始于1890年，初名《史学会杂志》，1892年起改名为《史学杂志》。

上发表了题为《七枝刀考》的小论文。由于菅政友的笔记最终没能问世，这篇论作成为首次将石上神宫的六叉刀，也就是七枝（支）刀公之于世的论文。

我们无法确切知道，星野恒是否从同僚前辈菅政友那里获得了有关石上神宫神剑的知识。但我认为并不是这样，因为星野恒是从时任石上神宫宫司的铃木真年[1]处获赠了六叉刀的示意图，并且加以运用的。他将刀正面的示意图与背面的铭文一起，以附页的形式插入杂志中，而这一铭文与此前菅政友绘制的几乎完全相同，看不出有什么区别。星野恒论文的价值在于，他将这把六叉刀与《日本书纪·神功纪》中出现的七枝刀关联了起来。

现在这在学界已是众所周知的事实，《日本书纪·神功皇后纪》“神功皇后五十二年（252？）”条记载：

> 秋九月丁卯朔丙子，（百济使者）久氐等，从千熊长彦诣，则献七枝刀一口，七子镜一面，及种种重宝。

星野恒认为，六叉刀的实物形状与七枝刀——也就是七个枝杈的大刀——完全一致，从而推测两者完全是同一件物品。值得注意的是，星野恒手中

1 铃木真年：1831—1894，幕末明治时期著名谱系研究家、国学家，初在纪州德川家从事谱系编纂工作，明治维新后归属新政府弹正台继续编纂谱系。后经历多次职务调动，其间陆续问世多部谱系集。

示意图的铭文与菅政友的并无太大区别，铭文中的“七支刀”还完全没有识读出来。正因为如此，论考的题目也根据《日本书纪》的记载写作“七枝刀”，而不是存在于铭文中的“七支刀”。

星野的泰初说

在星野的示意图中，最初的两个文字（相当于年号的地方）与菅氏的相同，第一个可以读作“泰”，第二个则无法识读。它左侧的偏旁是类似单人旁的箭头形状，但星野将其认作衣字旁的残画，而右侧隐约可见的部分则视为“刀”，合起来就是“初”字。根据星野所说，“泰初”这一年号对应三国时期魏国的明帝时期，四年则相对于日本神功皇后摄政三十年的庚戌年。然而，这是一个十分古怪的比定，神功皇后摄政三十年应该是魏明帝的太和四年（230），而且不单是魏国，中国自古以来就没有泰初的年号。很明显，星野是出于错误的想法，提出了泰初这个年号。

这是大家常常容易犯的错误，原因就是过于相信自己的记忆力。不过，诱发这一错误也不是没有其他的原因，那就是《日本书纪·神功皇后纪》摄政六十六年的注中，本应写作晋武帝“泰始二年”的地方写成了“泰初二年”。明治初年的学者最爱用的年表是一本称为《和汉年契》的铜板细字本，不仅不便于检索，还有着很多错误。星野恒就是在这本书的记忆中混淆了文字，结果没有翻阅《三正综览》（明治十三年刊）等书加以确认就直接下笔了。

星野的年代比定以谬误告终，但后世学者们不约而同地将铭文第二字读作“和”，年代比定为太和四年，这一点非常有趣。彼时，人们将第一个字“泰”视作“太”的替代字，因为发音和意义都是相同的，但第二个字不是“初”，而是重新识读为“和”。在中国，“太和”这一年号十分常见，加上地方政权的话使用达八次之多，但最先想到的就是魏明帝的太和。太和四年（230）比神功皇后摄政五十二年（252）早二十二年，这可以理解为从刀的制作到运往日本所需要的间隔。但星野的逻辑并非如此，所以只能作为一个误解的插曲而告终了。

菅政友的第二笔记

在此我们必须重新回到菅政友，我在之后的叙述中夹杂着若干推理，所以细节上可能多少存在一些偏差，但整体上而言是没有偏离正轨的。

由于星野恒的《七枝刀考》发表在最权威的《史学杂志》上，石上神宫的宝剑瞬间吸引了世人的目光。此时，比星野更早关心这一问题的就是菅政友。他基于此前的经历，再一次开始了宝刀的调查。也许是肩负着太政官修史局的公务来到大和出差，菅政友恐怕当着石上神宫宫司的面取出了宝刀，进行了比前一次强度更大的打磨，目的就是无论如何都要看清铁锈之下错金铭文的全貌。现在想来手法有些粗暴，但当时还没有透视线、红外线等科学手段，除了用锉刀“咯吱咯吱”地锉磨以外别无他法。

正因为这样，铭文的相当部分才得以识读。菅政友将这一调查结果加以整理，写成了第二笔记，这次的题目为《大和国石上神宫宝库所藏七支刀》。他可能是想以这篇笔记替换之前的第一笔记《石上神宫宝库所藏六叉刀铭》，成为《外来金器文字记》的一部分，但由于某些原因这一愿望未能达成。两者现今都收录在《菅政友全集》中，第一笔记经编者之手留在《古刀之铭》中，第二笔记则作为一篇独立的小论文，安排在了不同的地方。

从七枝刀到七支刀

读者们一定察觉到了，菅氏第一笔记使用了“六叉刀”这一神宫流传的名称，其后经过星野恒的“七枝刀”，到菅氏第二笔记时变成了“七支刀”。第二笔记的写作时间不甚明确，但在明治二十六年（1893）或者更早些是没有疑问的。名称的变化本身也暗示着研究的进步，从明治十八年（1885）到二十六年（1893），这一进步是在不到十年的时间里取得的。

菅氏第二笔记的题目之所以采用“七支刀”的名称，是因为通过第二次调查，从宝剑的铁锈之下检测出了“七支刀”的文字。为了达到这一目的，采取一定程度的粗暴手段也是必要的。虽说这是出于学术的目的，或者也是修史馆员的义务，但一旦让世人知晓，还是难免会遭到非难，所以他在第二笔记中这样写道：

> （宝刀）黑色锈斑之下，隐约可见金色之处，甚是奇怪。待锈斑安静脱落，始见有文字出现。（此为余在神宫在官之时）（原文为片假名）

其实通过第一笔记就能知道，他在神宫任官时“七支刀”的文字尚未出现，其他能够识读的文字也寥寥无几。因此最早知晓有“七支刀”文字的存在，无疑是通过转任之后的第二次调查。既然如此还要强调“此为余在神宫在官之时”，这是另有深意的。万一宝剑铁锈脱落的事实泄露，遭到世间的非议，那么站在枪口上的当然就是现任的宫司。这样的话就太可怜了，于是菅氏将一切责任都揽向自己，强调这是自己担任宫司期间发生的事。此时菅政友已经转任离开，所以即便在世间引起骚动，也无法对他加以问责。

无论如何，因为铭文中出现了“七支刀”的文字，将其比对为《日本书纪》中记载的“七枝刀”也终于变得容易。“支”和“枝”在发音和意思上都完全相同，所以是相互通用的两个字。“七支刀”铭文的发现是菅政友的伟大功绩，此后称呼这把宝刀时便不再使用六叉刀的俗称，而是采用“七支刀”这一正确的名字了。

菅政友的泰始说

在菅氏的第二笔记中，铭文开头的年号被读作“泰始”。问题当然就是第二个字，为了从铁锈下磨出金线来，焦急的他似乎用锉刀进行了多次锉磨，但最终未能获得文字的原貌。恐怕伴随着多次打磨，仅有的金质也从表面脱落，最终连痕迹都荡然无存了。从结果而言，左侧偏旁仅残留下类似于单人旁的箭形。有意见认为，菅氏将这一残存识读为女字旁，恐怕是事先就有某种意图，所以才会出现这样牵强的读法，但我认为绝不是那样的。

菅政友并没有非要将刀的年代断定到某一年的动机，而且他是站在最自由的立场上的。因为菅政友才是最早思考七支刀相关问题的人，当时还不存在与他相对立的观点。诚然，星野恒的论文更早问世，但在稍有历史常识的人看来，星野的谬误显而易见，他是可以被无视的。作为第一人理所当然的权利，他不会受到任何人的影响，也没有任何的束缚，可以完全自由地独立思考。菅政友之所以把第二个字读作“始”，肯定是基于自己的理由才把单人旁识读为女字旁。

不管怎么说他都具有优势，因为他是第一个尝试打磨该文字，并且直接擦拭实物的人。右面的部分似乎一开始就形状模糊，而且越磨越不清晰，这也就意味着掌握最关键线索的仍然是菅政友本人。星野恒曾就第二个字提到：

> 亻近于初而远于始。

他这么说并不是因为直接接触了实物，而是基于从铃木氏那里获得的神宫方面的示意图而言的。神宫方面的示意图本来就出自菅政友之手，所以一般认为，星野恒恐怕听说了菅政友把它识读为“始”的观点。

泰始四年说的根据　　于是，菅氏将七支刀中的年代部分识读为

> 泰始四年□月十□日丙午正阳造

接下来的问题就在于，“泰始”究竟是哪一个泰始。之所以这样说，是因为中国历史上存在着西晋武帝的泰始（四年 =268 年）和南朝刘宋明帝的泰始（四年 =468 年）。菅氏无法判定月份，日期也仅能断定是一个两位数，但是他关注到了干支的“丙午”。可能是检索了《三正综览》，他发现在后

者南朝刘宋的泰始四年中，所有月份中的两位数日期，也就是从十一日到十九日中，都没有出现过一次丙午。与此相反，在西晋的泰始四年中，六月十一日、八月十二日、九月十三日都是丙午日。既然这样，铭文的日期一定是这三者之一了。其中，又以六月十一日与残存的笔画最为接近，这就是菅政友的判断。

大约就在第二笔记后不久，菅氏又写作了长文《任那考》。其中上卷的“神功皇后五十二年壬申”条中提及七支刀，确认了《神功纪》中百济奉献的七枝刀无疑就是石上神宫中的七支刀。《任那考》的末尾记录着“明治廿六年二月五日再稿完毕”的字样，从中可知菅氏的第二次调查是在这一年之前进行的。

神功皇后传说

如果七支刀的制作年代是在西晋武帝的泰始四年（268），那它就不可能在十六年前的神功皇后摄政五十二年（252？）渡来日本。所以如果这样解读的话，就会出现明显的年代矛盾。但是本居宣长[1]（1730—1801）早已指出，日本古代史上的年份计算与后世不同，因而包含着巨大的误差。菅政友也大体继承了本居宣长的观点，甚至撰写了重新思考《古事记》纪年的论文。论文中提到，日本古代只使用干支记录年代，后世据此进行编年时就会出现一轮六十年，

---

1 本居宣长：江户时代国学家、文献学家、医师，在自宅铃屋召集门徒讲学，世称“铃屋大人”。长期钻研《源氏物语》《古事记》等日本古典作品，主张排除儒家和佛教的影响，探求“古道”，是日本复古国学的集大成者。

甚至是二轮一百二十年的偏差。

因此,《神功纪》中记载的壬申年献七支刀的事实，无疑发生在一百二十年后的壬申年，也就是东晋简文帝的咸安二年（372)。当时正值仁德天皇[1]六十年，百济则是近肖古王[2]二十七年。菅氏还坦言，在年代记载上，三韩比日本更为正确。如此说来，即便西晋武帝年间在百济制作的武器，经历了百年岁月，在东晋简文帝时代才渡来日本，这在年代上并不会产生矛盾。

如此看来，菅政友在选择七支刀铭文的年号时，可选择的范围是很广的。也就是说，只要是在七支刀渡来日本的东晋咸安二年（372）之前，任何一种选择都是可以的。菅政友从中选择了泰始，特别是从一开始就没有想要给这一年号附加任何特殊的含义，就这一点而言我们没有理由怀疑他的公正。他所关心的不是要为《日本书纪》争取面子，而是如何使日期和干支得以匹配。

我们难以调查菅政友的著述何时在多大范围内发表，明治前期时还缺乏杂志和报纸等发表意见的机关，学者们也没有立刻将自己的著述发表的意愿。可以说把研究成果经年累月压在箱底的情况才更加普遍，所以会留传下“百年之后觅知音”这样高雅的风气。

---

1 仁德天皇：生卒年不详，日本第16代天皇，应神天皇之子，实名为大鷦鷯尊或作大雀命（おほさざきのみこと)。

2 近肖古王：？—375，百济第13代国王，第11代比流王的第二子。中日史书中最早出现的百济王,《晋书》记载其名为“余句”。在位期间继续与高句丽作战，一度攻陷平壤，高句丽故国原王战死。

《菅政友全集》

但是现在，我们在探讨菅政友的七支刀研究时，似乎并没有必要强行确定发表的年代。他的第一笔记中，铭文的示意图非常重要，但对此的解说几乎没有可采纳之处。从石上神宫流出的示意图恐怕与此同源，经过铃木真年之手到达星野恒的案头，星野恒据此在《史学杂志》上发表了《七枝刀考》。此后，菅政友虽写作了第二笔记和《任那考》，但恐怕都没有公之于世，而是长眠在箱底，而他自己也在明治三十年（1897）去世了。十年后，《菅政友全集》终于面世，但这一期间并没有出现值得一提的七支刀相关研究。结果，与未刊的第一笔记相同的内容传到了星野手中，菅氏的功绩停留在作为星野的论文发表之上。

《菅政友全集》作为《国书刊行会丛书》中的一本发行，这套丛书的特色在于，它是由大学毕业的年轻学者充当临时工编纂校订的。进入明治后期，东京帝国大学每年输出各种专业的毕业生，但他们未必都能找到自己满意的工作。这种情况下，他们只能一边从事着过渡性质的打工，一边等待时机到来。当时的经济杂志社是一家著名的出版社，它招揽国学系的年轻学者从事临时的工作，其中就有明治二十九年（1896）从帝国大学史学科毕业的黑板胜美[1]。

为了将《群书类丛》《续群书类丛》由木刻原版改成活字本，黑板胜

---

1 黑板胜美：1874—1946，日本历史学家，东京帝国大学名誉教授，专攻日本古代史、日本古文书学，先后主持编纂《国史大系》《续国史大系》《新订增补国史大系》等，为日本史研究基础史料的普及做出了巨大贡献。

美等人在出版社中从事校订工作。完成后，他们又参与了可以称作“续续群书类丛”的大部丛书的编纂工作,出版方也冠以了“国书刊行会”之名。但是，刊行会的编辑部仅仅是经济杂志社二楼的一个小间，埋头其中从事校订工作的辛劳程度是难以想象的,据说世间还给它送上过“酷暑汗行会”[1]的别名。《菅政友全集》就是作为其中一册面世的。黑板此后进入史料编纂所，成为编纂官，又作为东京帝国大学教授讲习国史，成为史学世界中大御所[2]般的存在。可以说，他的学问能力就是年轻时候从枯燥乏味的校订工作中培养起来的。

星野说的影响

明治时代提及七支刀的著述，除前文所说外，还有黑川真赖[3]于明治三十一年（1898）发表在《国华》上的《本邦金属器财志》。文中刊登了石上神宫七支刀的图像，但他所依据的材料与星野恒几乎没什么不同，“七支刀”的文字还没有识读出来。关于制作年代，他和星野一样读作“泰初”，但他似乎发现了星野判定为三国曹魏年号的谬误，所以存疑地推断为可能是西汉武帝时期的泰初（前104—前101）。西汉武帝的年号正确应写作太初,这应该是将“泰”和“太”视作相同后得出的判断。

---

1 “国书刊行”与“酷暑汗行”在日语中读音相同，取其谐音。

2 大御所：最早用于称呼隐居的亲王或摄政关白的生父，江户时代特指退位后仍掌握实权的幕府将军。现在代指某一领域的长老或权威，他们虽已退出一线，但仍保持着巨大的影响力。

3 黑川真赖：1829—1906，江户到明治时代的国学家、诗人，东京帝国大学教授，曾参与编纂《古事类苑》等，在历史、文学、美术、工艺等多个领域都有研究。

从中可以看到，明治三十一年（1898）时黑川真赖并没有看到菅政友的第二笔记，这也暗示着菅政友没有在生前公开发表他的著述。黑川当然看到了星野的论文，也无疑发现了其中的谬误，但并没有明确地进行批判。尽管黑川比星野年长十岁，但要公开议论作为同僚的帝国大学教授、文学博士的星野的过错，仍然是有所顾忌的。更不用说星野的后辈和受业的年轻人了，连谈论星野的论著都是诚惶诚恐之事。这样的风气可以说是明治学界最恶劣的地方，也许它仍在延续着。

二　大正时期

七支刀的共同调查

伴随明治末年《菅政友全集》的问世，菅政友关于七支刀的研究广为世间所知。他的学说获得了正统的地位，而此前星野的学说则被人们敬而远之。

大正三年（1914）八月，高桥健自[1]、关保之助[2]、新纳忠之介[3]、梅原末治[4]等考古学界人员一同拜访石上神宫，对七支刀进行了实地调查。这样的学者共同调查，在七支刀研究史上尚属首次。相当于团长的高桥在当年的《考古学杂志》上发表了调查结果，但结论几乎还是沿袭菅政友的

1 高桥健自：1871—1929，日本考古学者，主攻弥生时代和古坟时代，曾主持日本考古学会，刊行《考古学杂志》，主张邪马台国畿内说。

2 关保之助：1868—1945，日本考古学者、古兵器收藏鉴定家，历任京都帝室博物馆、奈良帝室博物馆列品科长，东京帝室博物馆学艺委员等。

3 新纳忠之介：1869—1954，日本雕刻家，曾修复 2631 尊佛像文物，仿刻作品有“百济观音”。

4 梅原末治：1893—1983，日本东洋考古学家，京都大学名誉教授，师从滨田耕作，多年在日本、中国、朝鲜等地从事考古调查，确立了日本考古学中的类型学研究法。

观点。首先，正面的铭文识读为：

泰始四年六月十一日丙午正阳造百练□七支刀

从而肯定了西晋武帝说，日期的部分恐怕实际上仍有不明确的部分，但为了迎合丙午这一干支而采用了六月十一日说。此外，确定了铭文中存在“七支刀”的文字，并判断这就是《日本书纪·神功纪》中百济赠送的七枝刀。

不过，高桥的报告似乎是折中了全体团员的学说。从中能够看出，高桥个人对这一识读仍然多少存在犹豫。首先就是对泰始的“始”字的字形上存在不满，但由于并不存在六月十一日的干支是丙午的其他年份，所以无可奈何识读为“泰始”。

其次是关于泰始四年（268）制作的七支刀在神功皇后摄政五十二年（252）传来日本这一年代上的矛盾。高桥对于日本古代史的纪年问题没有明确的意见，他倾向于暂时搁置纪年的问题，在保留疑问的同时承认两者的同一性。

喜田调查

大正七年（1918）十月，喜田贞吉结伴田泽金吾[1]来到石上神宫，在亲眼观察七支刀的基础上，第二年在其主持的《民族与历史》创刊号上发表了题为《石上神宫的神宝七支刀》的论文，但其主旨终究只是对菅政友的学说加以追认。不过，这并不是毫无抵抗地完全同意了菅氏的学说。据他自己承认，他在经过种种考虑后提出了反对观点，但最终还是必须归结到菅氏的结论上来。

喜田说的重点仍然在于铭文中的年号，曾一度反对菅氏将第二个字识读为"始"。他的结论是，这个字从字形上来看是无法读作"始"的，这一点上不如采用星野的观点读作"初"字，但是这里的"初"只是"始"的代字，泰初四年也就是西晋武帝的泰始四年。至于理由的话，无非就是干支与日期一致的问题，六月十一日的干支为丙午的就只有泰始四年了。因此他说道：

> 除泰初四年外，绝无与此干支相匹配者。

虽然很不甘心，但最终回归到了以往的泰初（＝始）四年说。

以往的学说认为，"泰始"这一年号因为某种特殊的原因在七支刀上被改写成了"泰初"四年。但喜田说则解释称，西晋武帝的年号原本就如

---

1 田泽金吾：1892—1952，日本考古学者，曾接受内务省、东京帝国大学、文部省、国立博物馆等部门的委托，对各地名胜古迹和重要美术品进行实地调查。昭和二十四年（1949）进入国立博物馆调查科，翌年转入文化遗产保护委员会事务局美术工艺品科。

七支刀上所写的那样是“泰初”，而后来的记录，也就是以《晋书》为首的中国史书将之全部改写成了“泰始”。哪怕只有一例，金石文的一个字要胜过其他无数纸上的文字。

然而，西晋武帝的年号原本是泰初、后世记录将其改为泰始的学说，很快就从金石文的角度遭到了否定。在不断介绍晋代古镜实物的过程中，含有泰始初年到泰始九年铭文的古镜陆续出现。虽然南朝刘宋也有泰始的年号，但它只有七年，所以泰始九年一定是西晋武帝的年号，而且其字形绝不写作泰初。

日期与干支

另外，喜田说是在月日与干支必须匹配的前提下苦心孤诣组织起来的，但其实这一前提并不一定那么重要，这一点逐渐得到了证明。早在喜田说发表前的大正六年（1917），古镜研究专家富冈谦藏[1]发表题为《关于带有从汉代至六朝年号铭的古镜》的论文，通过实例证明了古镜铭文中的月日和干支都是吉祥句，两者并不一定是实际匹配的。并且，这一学说并非富冈的发明，而是由中国清朝的学者阮元[2]（1764—1849）等人考证得出的。

喜田在他的论文中首次指出了星野恒将铭文年号读作泰初，并定为三

---

1 富冈谦藏：1873—1918，明治时期考古学者，京都大学文科大学讲师，专攻东洋史、金石学和古镜研究。

2 阮元：字伯元，号芸台、雷塘庵主，江苏仪征人，著作家、刊刻家、思想家，在经史、舆地、编纂、金石、校勘等方面都有很高的造诣。

国魏明帝的年号是错误的。也就是说，明帝的年号只有太和、青龙和景初三个，并没有泰初，他明言道：

（星野博士）不知出于什么缘由而看错了年号。

喜田说发表于大正八年（1919），星野恒已于两年前的大正六年（1917）九月离世。虽然在生前指出误解似乎更好，但面对帝国大学教授、史学会会长这样神一般的存在，此时能够有这番发言，已经是勇气可嘉的决断了。

恐怕正是因为这一直言，喜田贞吉在南北朝正闰问题[1]上遭到了非难，不为中央所容。大正九年（1920），喜田赴任京都大学教授，他在任的四年正好就是我作为史学科学生在读的时候。我虽然不是专攻国史，但得以列席这位独具创见的大学者的课堂，已经是望外之喜了。尤其先生虽在官学任职却不失在野的精神，这一点可以说是以身示范的。

1 南北朝正闰问题：日本历史上曾分裂为南朝和北朝，史称南北朝时期（1336—1392）。关于南北两朝的正统问题历代存在争论，喜田贞吉在执笔小学教科书时采用了两朝并立的形式。1911 年，帝国议会正式宣布以南朝为正统，喜田因此遭到停职处分。

三 昭和时期

泰初和泰始

关于七支刀的议论在大正年间大量涌现，之后整理在木崎爱吉[1]的《大日本金石史》（大正十年，1921）和《石上神宫宝物志》（昭和四年，1929）中。但这些议论都是对原有的各家学说加以取舍，并没有出现新的进展。

当时的大体倾向是，铭文最初的两个字或者识读为“泰始”，或者即便识读成“泰初”，但由于初和始同义，也理解为西晋武帝的泰始。此外，由于铭文中读出了“七支刀”的字样，进而归结为与《日本书纪·神功纪》中所见百济赠送的七枝刀是同一件物品。

然而进入昭和二十年代（1945—1954）后，议论突然活跃起来，研

1 木崎爱吉：1866—1944，号好尚，日本新闻记者、历史学者。曾在日本朝日新闻社工作，大正三年（1914）退社后潜心于金石文研究，编著《大日本金石史》获得学士院奖。同时从事赖山阳等近代文人的研究，著有《赖山阳全书》八卷。

究也进一步深化。特别是福山敏男[1]的调查和发表，取得了划时代的重要成果。

福山调查

从昭和二十一年（1946）起，福山每年一度、共计三次对七支刀进行了实物调查。其成果以《石上神宫的七支刀》这篇极为详细的论文形式发表在《美学研究》杂志上，还添加了补考和再考。在论文的前半部分，福山设立了《至今为止的七支刀》一章，网罗式地搜集和介绍了自菅政友以来的各家研究，这在文献学方面应当给予高度的评价，我的这本小书也从中获益颇多。

在后半部分《我的调查与铭文解读》中，福山论述了新的发现和独创性的解释。如果要简单评价他的功绩的话，应该包括以下两点：第一，他使七支刀正面的解读达到了大体完成的境地；第二，他从一直以来未能着手的背面铭文中读出了至关重要的两个词语——百济和倭王，铭文的含义得以基本确定。

关于正面铭文中出现的年号，福山力排原有的泰始说和泰初说，提倡应该识读为"泰和"。这一泰和说曾由喜田贞吉亲自得出又亲自否定，但由福山提出之后逐渐变得有力，特别是因为榧本杜人[2]对此持赞成态度，

---

1 福山敏男：1905—1995，日本建筑学家，历任东京文化遗产研究所美术部长、京都大学工学部教授、西日本工业大学工学部教授、京都大学名誉教授等，被誉为"寺社建筑研究第一人"。

2 榧本杜人：1901—1970，本名龟治郎，日本考古学者。战前任职于朝鲜总督府学务局社会教育科、博物馆，战后出任奈良国立文化遗产研究所历史研究室长、平城京发掘调查部长等。

以后逐渐占据了主流的地位。两人将第二字定为“和”的理由在于，左侧的偏旁比起衣字旁来，识读为“禾”更为妥当，而带有禾字旁并用于年号的字，无疑就是“和”字了。

不过，古代中国的年号中并没有写作“泰和”的，因此需要转写为“太和”。自三国曹魏的明帝到北魏孝文帝，前后共有五次太和，其中两次都是二年而终，没有第四年。剩下的三次太和分别是三国曹魏、东晋海西公和北魏孝文帝的年号，答案应该就是其中之一，而福山认为东晋的可能性最大。不过显而易见，如果直接相信《日本书纪》的纪年，东晋海西公的太和四年（369）会和《神功纪》摄政五十二年（252）产生矛盾，这一点福山当然是知道的。但在那个时候，《日本书纪》的纪年存在不自然的延长，这可以说已经成为常识了。

解读的进展

关于铭文中的月日，福山暂且识读为“四月十一日”，但对“四”字存有疑问。下文的“丙午正阳”（丙午日白天正中的时刻），在此之前就已经得到解读了。

下一句“造百练钢七支刀”也是常见的吉祥句，只要读出“七支刀”，下面就没什么问题了。“百练”本应写作金字旁的“百鍊”，但许多先例证明也可以写作“练”和“炼”，就是反复精炼的意思。“钢”字的右半部分不甚明了，也可能是“銕”字。

接下来“□辟百兵”，第一个字此前一直读作“生”，福山将其解释为“进”。同时，梅原末治和榧本杜人主张应该识读为“以”或者“㠯”，这一学说最有说服力，却不知为何没有一般化。所谓“以辟百兵”，就是通过佩戴七支刀，可以避开所有兵器造成的刃伤。从这一意义上使用“以”或者“目”，在古器具铭文上是十分常见的。

接下来“宜供供侯王”五字，特别是最初的“宜”字和第四个“侯”字，是由福山最早确定的。本来，“宜侯王”是金石中屡屡出现的吉祥句，也就是最适合仅次于天子具有王号的封建诸侯的意思。但这里中间加了“供供”二字，此前受此影响没能读出侯王的“侯”字，读不出“侯王”就读不出上面的“宜”字。多亏了福山的慧眼，吉祥句直接被处理为吉祥句。但还是留下了问题，就是中间的“供供”如何解释。福山倾向于读作“适宜于供供给侯王”，但为什么要使用两次“供”字则难以阐明。这不是福山一个人的疑惑，关心这一问题的各家都苦于解释。有人说不是读作“供供”而是“俱供”，有人说读作“復供”，总之有各种各样的提议，但没有一种能够获得众人的首肯。

正面文字的最后五个字“□□□□作”，上面四字必定是工人的名字，但因为没有留下笔画痕迹，所以无法确认只能放弃了。

如此，自菅政友以来历经七十年时间，七支刀铭文正面的主要部分，尽管还遗留个别问题，但大致都得到了解读。读完之后来看，大部分都是传统金石文的惯用句，只不过在其中插入了特有的“七支刀”“供供”等用语，以致无法直接对应出金文的句型，使得解读需要长年累月的时间。

百济与倭王

相比正面而言，背面的铭文脱离了历来的句型，呈现出全新的形式。其解读也更为困难，时至今日仍留下了多处无法解读的地方。尽管如此，此时福山已经读出了其中最关键的部分，也就是“百济”和“倭王”两个词语，使得七支刀是由百济赠给倭王这一主线得以明确，这一点上福山厥功至伟。

开头的句子“先世以来未有此刀”，菅政友早已确认，问题在于后面的句子。这里的“刀”字，福山日后又重新识读为“刃”，这是不能认同的画蛇添足。

接下来的“百”字之前也已经解读，但下面的字出现了难题。福山将之读作“滋”或者“濨”，视为“济”的代字，两个字合起来就是“百济”。无论如何，只要出现了百济，下文就很容易解读了。接下来的三个字，同一时期的榧本杜人读作“王世子”，福山表示赞同，于是就得到了“百济王世子”这一个整句。福山将其解释为百济王和世子两个人的意思。

接下来的四字句十分困难，福山读作“奇生圣音”，“奇”看作“倚”的简化字，也就是“将自己的生命倚托在对方神圣的关照上”，这里的“圣”就是指的下文出现的倭王。

下面的“故为倭王旨造”，福山读作“因此为倭王旨铸造”。其中的“倭”字，在铭文中呈现十分杂乱的字形，福山依据一笔一画最终发现了“倭”字，这实在令人佩服。细节姑且不论，七支刀由百济赠送给倭王，这一主线是无可动摇的了。只是围绕着前一句中“圣音”的“音”和这一句中“倭王旨”的“旨”的解读，涌现出各种各样的观点，各自争论不休。

最后的四个字，福山读为“传不绝？世”，同时期的榧本读作“传示后世”。无论哪一种都属于吉祥句，意思是一样的。两者的不同点只在于第二个字，福山识读成“不”，而榧本认作“示”，两者不能相容。这里也就可以看到肉眼识别的极限性了。

榧本调查

与福山敏男同时，榧本杜人一边与福山保持着联络，一边也展开了对七支刀的调查研究。昭和二十七年（1952），榧本在《朝鲜学报》上发表了《石上神宫的七支刀及其铭文》，此后也多次发表见解。榧本说与福山说大体上是一致的，但也有一些不同的地方。

关于年代，两人都视作泰始四年，但在月日上，福山主张四月十一日，而榧本主张五月十六日。关于月份，历来就有正、四、五等多种观点，两人做出了不同的选择。日期也是一样，历来就有十一日和十六日两说，福山选择了前者，榧本选择了后者。榧本对铭文的调查细致入微，这也是他的特长，所以之后很多人都追随榧本说，倾向于五月十六日。

两人最大的差异是在背面的第三句，福山读作"奇生圣音"，而榧本视为"奇生圣晋"。榧本认为，"圣晋"是指的百济的宗主国东晋，这个四字句的确切含义不太明朗，但从中可以看出当时东晋、倭、百济三国之间的国际关系，所以恐怕应该解读为"将生存倚托在东晋上"。

这种三国关联说并不是到榧本那里突然产生的，早在大正八年（1919）喜田发表的论文中就启示了这一点。喜田认为，这把七支刀制作于西晋泰始四年，然后传入了朝鲜半岛上尚未形成国家的马韩族中，之后马韩族中出现了三韩之一的百济国，百济国又将继承而来的七支刀献给了日本的神功皇后朝廷。

栗原的新解释

站在这样的前提下，榧本采纳了"圣晋说"，致力于完备七支刀的三国传来说。昭和四十一年（1966），栗原朋信[1]在《日本历史》杂志上发表了《关于七支刀铭文的一种解释》。

栗原首先将铭文年号识作“泰和”，并列举各种文献指出这无疑就是东晋海西公的太和年号。他认为,这个太和年号在东晋时候其实就写作“泰和”，所以在中国的史书中留下了多处痕迹。比如《晋阳秋》中有“泰和六年闰十月”,《晋起居注》有“海西泰和六年三月庚午”这一日期，另外《隋书·经籍志》中也记载了《晋泰和起居注》的书名。但是，现在的《晋书》中将海西公的年号全部写作“太和”,《晋书》成书于唐代，当时因为某种理由将一直以来“泰和”全部改成了“太和”。由于《晋书》的改写被视作正统，海西公的年号就变成了“太和”。偶尔因漏失订正而保留原形的，就是前面书中所看到的“泰和”，七支刀自然是传递了当时的真实情况，所以使用了“泰和”的用字。

值得注意的是，栗原的这一想法与喜田贞吉是一致的。如前所说，喜田早于栗原五十年前就将铭文的年号读作“泰初”，并认为这就是现在年表中所看到的西晋武帝的“泰始”，这个年号最早就是“泰初”，到了唐代以后才改写成了“泰始”，后世在流传中就丢失了原来的字形。七支刀因为是金石材料，它如实地反映当时的情况，所以保留了“泰初”的写法。喜田和栗原在论证方法上真是出奇的相似。

---

1 栗原朋信：1909—1979，日本东洋史学者，早稻田大学教授，专攻中国秦汉史和日本古代对外关系史。

圣晋介入说

栗原将正面铭文的年号读作“泰和四年”，理解为东晋海西公的太和年号，对于反面铭文中的问题则采用榧本说，解读为

> 奇（=寄）生圣晋（将生寄托于晋朝）

也就是说百济世子将他的一生寄托给了晋朝，一切都交给了晋朝的意思。但在栗原说中，这里的主语并不是百济世子，而是世子寄托自己一生的“圣晋”，这样就有点复杂了。下面承接上文言到：

> 为倭王旨造，传示后世。（为倭王旨而铸造，〈下令〉传示给后世）

圣晋的皇帝事先交托百济王世子为倭王打造七支刀，然后下令送入倭国，使其长久传示后世。慎重起见，我在这里需要把栗原的解读从头说一遍：

> 泰和四年五月十六日丙午正阳，铸造百炼钢的七支刀，进而辟除百兵，适宜供供侯王，□□□□作。（以上为正面）
>
> 先世以来未曾有此刀，因百济王的（与）世子将一生寄（奇）托于晋，（奉命）为倭王旨打造，令其传示给后世。（以上为背面）

在这里，倭王旨并不是倭王的旨意，而是作为倭王的名字。当然，名叫“旨”的倭王在历史上是找不到的，栗原认为“旨”的读音写作“ササ”，

指的就是来纱别尊（イササワケノミコト），又名誉田别尊（ホムダワケノミコト），也就是应神天皇[1]。

在中国的习俗中，直接呼唤他人实名（名讳）是君父的特权。所以这种情况下，能够称呼“倭王旨”的人，无非只有自认君临于东亚各国之上的东晋皇帝海西公。于是栗原指出，这份文书是由上对下的下行文书。

倭五王还是倭六王

日本向南朝派遣朝贡使者的天子称为“倭五王”，一般认为是从倭王讚，也就是仁德天皇开始的。如果依据栗原的解释，在此之前还有倭王旨，也就是应神天皇。倭五王就增加了一员，变成了倭六王。

如栗原自己所说，他的学说有很多地方继承了前人的学说，原创性的部分非常少。将铭文读作“泰和”，解释为东晋的太和，这一观点此前就已提出，把倭王旨的“旨”视作人名，这也是早已经出现的，还有如前文所说继承了喜田的论证方法。这样大量利用前人的启示，可以起到容易被人接受、减少抵抗感的效果。因此，今日学界的趋势大体上倾向于栗原的学说。但是这样真的好吗？

考古学立场的极限

总体而言，至今为止的研究，无论哪种情况都可以说是过于偏重考古学。所谓过于偏重考古学，是指过于拘泥每一个字，而整体性的考察十分不足。当然，铭文是一

1 应神天皇：生卒年不详，日本第 15 代天皇，仲哀天皇与神宫皇后之子。

个一个字的集合，首先会受到每一个字形的拘束。但在七支刀的情况下，铭文的字形无论经过多么精密的考察，都存在着无法获得原形的极限。

比如百济王世子的“子”字，福山大概是受到了榧本说的启发，将它读作“子”,但那之后榧本自己又提出“王世子”的第三个字明显不是“子”，亲自撤回了这一观点。另一方面，从福山的示意图上来看，这个字明显就是“子”,并且存在着无法读成其他文字的金线。从铭文理解的角度上来说，这里读作“子”是很自然的，其他文字有些难以想象。

想要识读几乎磨灭的铭文，首先应该全力倾注于每一个字的复原，这是没有问题的，也就是我所说的考古学方法。但如果从头到尾都贯彻这种方法，那就有些问题了，毕竟对象是磨灭殆尽的文字。如果说还有什么其他的方法，那就是文献学方法了。也就是说，不是将铭文单纯地视作文字的无序堆积，而是作为具备某种结构的文章。换言之，需要修复的不是一个个孤立的文字，而是由这些文字所组成的文章。

文献学立场的提倡

不仅是汉字，所有文字都不是独立存在的，一定会与其他文字进行组合。只有基于相互依存的关系，文字才能充分发挥其效用。换言之，文章中所使用的文字，必定多多少少无法避免受到周边文字的影响。因此，文字与文字之间既有关系十分亲密的情况，也有基本无法共存的情况，而在这中间又分为无数个层次。其实不妨这样说，文字间的亲疏关系，就是起到了所谓汉文中语法的作用。

数学问题中有一种填空运算。在排列的数字记录中，有一个数字因为虫蛀而消失了，这时我们就要根据前后的关系来推测这个缺字，有时候是可以确定的；又比如在代数算式中有时需要计算求出未知数X。同样道理，在完整的文章中，即便有几个字完全消失了，我们也可以通过周围的文字进行推测复原。这样的方法应该是存在的，并且没有理由不运用到铭文的复原中来。

当然，这种方法也有极限，它只能在铭文的其他部分十之八九都已经确定的情况下才能使用。特别是在汉文中，汉字的总量数以万计，要从中找出一个字填入空缺，即便有着大致不差的自信，也几乎不可能证明这是万全之策。但是，所有的价值都是相对的，箭不一定都要贯穿心脏，如果能射中翅膀，那目的也就达成了一大半。

两种方法的调和

如果考古学方法和文献学方法得出了相互矛盾的结果，那该怎么办呢？当然依情况不同，解决方法也应该是各种各样的，但需要说明的是，文献学方法并不总是要给考古学方法让路。举例来说，七支刀背面的铭文“先世以来未有此刀”中最后的“刀”字，福山说读作“刃”，其理由就是第二画左边有一条很短的斜线，这不应该视作损伤，而应认定为刻痕。

然而，同一时期同样从事观察的榧本氏和其他各位学者都识读为“刀”。这是有理由的，根据我所说的文献学方法，这个字无论如何都不能读作“刃”。毕竟这里的“此刀”是“这样的刀”的意思，无疑就是指的正面铭文中的“七支刀”。既然前面写的是“刀”，就应该不会接着说“这样的刃”了。因此，就连对于刻线十分执着的榧本，也无视了这道刻痕，将文字读作“刀”。换言之，榧本自不待言，其他人也都是采用了我所说的文献学方法。在这种情况下，比起考古学方法，最终不得不将重点放在文献学方法上。

既然如此，我可以堂堂正正地宣称，文献学方法不是次要的，而应当与考古学方法有着同等的价值。我相信，将文献学方法引入实践，一度停滞的七支刀研究必会取得全新的进展。怀着这样的期待，我将这本小书献给世间。

第二章

七支刀铭文研究分论

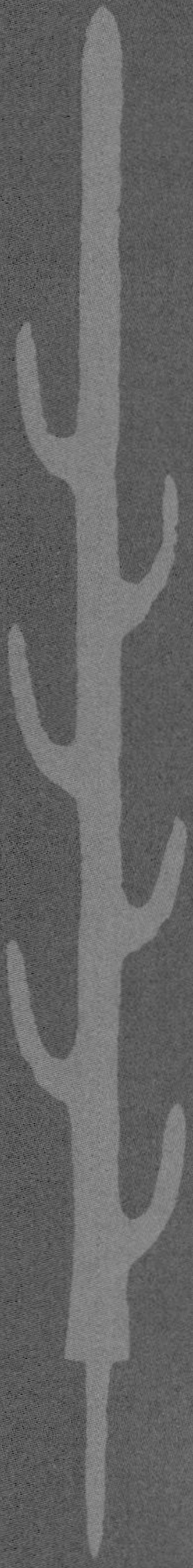

诸学说的再探讨

七支刀
（左：背面，右：正面）

如同多数镜铭中所能看到的那样，七支刀铭文正面首先出现的是表示制作年月日的文字。但是如前所述，其中最关键的开头两个文字却无法解读。为了叙述我的观点，在此必须不厌其烦地从介绍前人的学说开始。

第一个字毫无疑问可以识读为“泰”，第二个字剥落严重，似乎可以解读为各种字，但又没有哪一个是能够确定的。所以至今为止出现了各种提议，争论也从未间断。

我在这里想要提醒大家的是，这个问题首先是一个可能性的问题。七支刀铭文的文字已经严重剥落，从目前情况来看，单凭视觉已经不可能判断原先是什么文字。毕竟汉字的总量据说达到三万乃至五万，要从中选出一个进行匹配，从数学上来说就是一个不确定的问题。换句话说，答案有无数个，只从中选出一个是不可能的。尽管如此，现在要建立一个假说则是可能的，因为能够选择的汉字数量是有限的。也就是说，最初的“泰”字是没有疑问的，既然是中国的年号，那么只要把带有“泰”字的年号搜集起来，从中挑选出第二个字就可以了。这样的范围其实是非常狭小的，加上时代可以框定在汉魏六朝，文字的探索已经越发容易了。

泰始说　我们翻阅年表，寻找“泰”字开头的年号，结果却意外的少：

泰始	西晋武帝	265—274
泰常	北魏明元帝	416—423
泰始	南朝宋明帝	465—471
泰豫	同上	472

最早的研究者菅政友从中挑选了西晋武帝的泰始年号。对于年号同为泰始的南朝宋明帝，尽管留有不舍：

南宋泰始四年当我雄略天皇[1]十二年，身狭村青主与桧隈民使德

1 雄略天皇：生卒年不详，日本第21代天皇，允恭天皇之子，实名为大泊濑幼武尊或作大长谷若建命（おおはつせわかたけるのみこと），一般认为他就是中国史书中出现的倭王武。

博被遣吴国之时也[1]，略有缘故。

但考虑到下文中的干支“丙午”，最终还是放弃了。他断定道：

此年自十一日至十九日间，无有一日当丙午者，不合于铭文。

与此相反，

晋之泰始四年，六月十一日、八月十二日、九月十三日，皆为丙午。据此，为晋朝者无疑也，然月日之数字不详。

通过干支的计算，菅政友认可了晋朝泰始四年的可能性。他没有提及我在上文举出的北魏泰常和南朝宋的泰豫，大概是通过铭文的对比，最初判断时就排除了这种可能性。

如果坚守第一个字是“泰”，那么能选择的范围十分狭窄，所以只能读作“泰始”。但如果中国汉字中音意相通的原则在此能够适用的话，选择的余地就大为扩展了。换句话说，如果同音或者同义的文字相互可以通用，那么一个文字就能用作几个文字，因而一个字也可以用其他许多字来代替。

1 事见于《日本书纪》“雄略天皇十二年夏四月己卯”条，这里的“吴国”一般认为是指中国南朝。

泰初说

出现的第二种学说认为，铭文中第二个字的形状和“始”相差甚远，所以应该读作“初”。但因为这里的“初”和“始”是同义的，所以只是把本应作“泰始”的地方写作“泰初”，实际上仍然是泰始四年说。

这一学说起于喜田贞吉，获得了木崎爱吉和大场磐雄[1]等众多的支持者。其原因在于，《日本书纪·神功皇后纪》“神功皇后六十六年”条中就有两处本应是晋武帝泰始二年的地方，都写成了晋武帝泰初二年。不过，喜田还进一步发展了他的假说。晋朝的年号泰始，本来就是写成泰初的。进入唐代后，“始”字因字形近似于天子名讳“治”而改成了“初”。后世将“初”改回“始”时，由于矫枉过正，将本该是泰初的“初”也都改成了“始”，所以一直流传到了今天。幸运的是，在日本的古记录中保存了本来的“泰初”。但是这样的假说就未免有些过头了。

另外，星野恒将铭文的年号读作“泰初”，比定为三国魏明帝的泰初四年庚戌岁。这只是看错了年表，明帝在位年间不存在泰初这个年号。而指出这一谬误的人，正是喜田贞吉。

自菅政友以来，尽管七支刀的年号众说纷纭，但其实都停留在西晋武帝泰始四年的范围之内。这是因为在当时的日本，将《日本书纪》视为神圣的风气依然浓烈。人们在比定时，只能挑选距离《日本书纪·神功纪》

---

1 大场磐雄：1899—1975，日本考古学者，国学院教授，师从鸟居龙藏、宫地直一、折口信夫等，将文献史学、考古学、民俗学三位一体，展开规模宏大的古代研究，完成了神道考古学的体系化。

记载不远的年代，这样的影响或明或暗地存在着。

太和说

以“初”字代替“始”字的学说问世后，又出现了将上面的“泰”字也视为“太”的假借字的观点。其首倡者就是福山敏男和榧本杜人。

既然上面的“泰”字是“太”的改写，下面读作“和”就成了“太和”。“太和”这一年号在中国历史上多次使用，早期如三国魏明帝的太和（227—232），东晋废帝海西公的太和（366—370），北魏孝文帝的太和（477—499）等，此外五胡十六国时期的后赵、成汉等割据政权也都曾使用过。

太（泰）和说是战后出现的，当时《日本书纪》纪年的可信性很小已经成为普遍的看法。因此，三国魏明帝的太和被认为过于古老，视作东晋中期废帝的年号才比较稳妥，这一派成为学界的主流。但是也有一部分人提倡，应当比对为北魏孝文帝的太（泰）和。

“泰”和“太”通用的例子

“泰”和“太”读音字义都完全相同，所以自古以来就可以通用。比如将天神的名字“太一”写作“泰一”，人名的“郭泰”写作“郭太”，形容词“太半”写成“泰半”等等，这样的例子不胜枚举。作为年号的时候，西晋武帝的泰始年号也有写成“太始”的例子。《南齐书》中记载：

> 晋自太始至元熙二年，一百五十六年而禅宋。（卷一《帝纪》）

又如南朝宋明帝的年号泰始写作“太始”的例子，同样见于《南齐书》中：

牟大又表曰：“往太始中，比使宋朝。”（卷五八《百济传》）

同样，作为年号的太和和泰和可以混用。东晋海西公的年号写作“太和”和“泰和”的，如前所述栗原朋信举出了实例。其一是附在《世说新语》中的南朝梁刘孝标的注释，其中转引了《晋阳秋》：

泰和六年闰十月，荧惑守太微端门。

其二是唐代徐坚《初学记》卷四引《晋起居注》：

海西泰和六年三月庚午朔，诏曰：“三日临流杯池。”

这些都可以作为证明。然而，栗原还进一步得出结论，现今史书中将东晋海西公的年号写作“太和”，但它原本写作“泰和”，后世因为某种理由改成了“太和”。因此七支刀中出现“泰和”的年号，应该说是保存了东晋当时的原貌。

七支刀铭文的第一个字无疑是“泰”，将第二个不确定的字读作“和”，把连起来的“泰和”比定为东晋的“太和”，这样的观点早已存在。栗原在此基础上提出新说可谓水到渠成，泰和四年＝太和四年（369）说一时间得势。我参考最多的上田正昭[1]《大王的世纪》和佐伯有清[2]《七支刀与广开土王碑》，也都是采用了这一说法。

此外还有李进熙[3]提倡的北魏太和四年说，以及金锡亨[4]那样在读作“泰和”的基础上，主张那是当时百济的年号的观点。在这里，我们将至今出现的各种学说，以及它的支持者整理如下：

泰始四年（西晋，268年）：菅政友，高桥健自

泰初（=始）四年（西晋，268年）：喜田贞吉，大场磐雄

泰（=太）和四年（东晋，369年）：福山敏男，榧本杜人，西田长男，三品彰英，栗原朋信

泰（=太）和四年（北魏，408年）：李进熙

泰和四年（百济年号）：金锡亨

如上所述，通过文字的改写，选择的余地显著扩大了，各种假说也得

1 上田正昭：1927—2016，日本历史学家、官司、诗人，京都大学、大阪女子大学、西北大学名誉教授。大学时代起继承小幡神社官司，师从折口信夫，后进入京都大学。被誉为“日本古代史第一人”，他提出的“渡来人”一词至今被学界广泛采用。

2 佐伯有清：1925—2005，日本历史学者，北海道大学、成城大学教授。所著《新撰姓氏录研究》曾获得日本学士院奖，专攻日本古代史、古代佛教史和日本天台宗史。

3 李进熙：1929—2012，在日韩国人，历史学者、作家，和光大学名誉教授。专攻考古学、古代史、日朝关系史，曾提出“好太王碑文篡改说”。

4 金锡亨：1915—1996，朝鲜历史学者，金日成大学教授。曾提出“分国论”，认为三韩曾在日本列岛上建有分国，《日本书纪》中出现的三韩都不是指三韩本国，而是在列岛上的分国。

以成为可能。不过说实话,改写终究只有无奈之举,并不是正道。当然,“泰”和“太”同音同义,可以相互通用,这一点本身除了栗原援引的例子外还可以找到很多。

比如南朝刘宋范晔的《后汉书》卷九十八有《郭太传》,关于著名的郭林宗,他的本名就是郭泰。但由于范晔父亲的名字是“泰”,为避讳写作了“郭太”。即便本属于公共的历史书,作者也会根据个人的立场,将古人的固有名词进行改写。当时至少存在着七家《后汉书》,所以读者通过其他书很快就能知道郭太就是郭泰。但是,著述一旦形成,后人想要改变就十分困难了。为《后汉书》作注的唐代章怀太子李贤,就在原文中保留了“郭太”的写法,并在注释中写道:

范晔父名泰,故改为此太。郑公业名亦同也。

但是,“泰”和“太”相通主要是书面上的改写。这种改写不仅容易,而且读者一方也很容易知道其中的真相。

太和泰和说

为了避免被批判说这原本只是纸面上的操作,栗原进一步提出,七支刀上的“泰和”才是这一年号的本字,出现在众多史书中的“太和”是后来的假借字。但是,一个王朝的年号是众所周知的事情,一度公布为“泰和”之后,要把文书记录中全部改写成“太和”,这几乎是不可能的。其中,栗原举出《晋起居注》和《晋阳秋》中的记载,认为它们传递了免于篡改的历史真相。但更加自然理解是,这些书的所有者或是抄写者出于个人原因而进行了改写，才偶然残留下来。因此，同意七支刀铭文的年号是太和，也就是泰和的人，多数不会走这么远，只是在把泰和的“泰”作为假借字这一点上是一致的。

如栗原所说的那样，本来的泰和年号在后世的记录中几乎全部改成了太和，这样的可能性不是完全没有，但这种情况十分稀少，只能属于例外。相反，原本写作“太和”的文字只在特殊场合下改写为“泰和”，这才是十分容易接受的。不过，涉及金石的话情况就有所不同了。再说百济以中国王朝的藩国自居，一面奉中国王朝的正朔，一面却改写中国王朝的年号，还刻到了流传后世作为证据的金石上，这是非常违背常识的。

当然，这种可能性不是完全没有，只能说是非常少。即便有也必定是万不得已，比如在国际关系上处于危机逼近的紧要关头，或者是遭到了强邻的胁迫。如果没有十分特别的事态，这只能视作不可能的现象。那么，当时的国际关系中是否存在这样的紧张局面呢？我有点儿难以想象。

在我看来，改读年号文字来进行解释的做法，如果用考试答案来比喻的话，是必须先做好要被大扣分的准备的。难道不这样做就无法解答这个问题了吗？我并不这么认为。

重新审视泰始论

最初的解说者菅政友利用铭文中的“泰”字读作“泰始”。因此或是直接利用第一个“泰”字，或是无论如何都有改读的必要，这取决于第二个字的读法。由于第二个字是大家都最热切希望知道的文字，所以似乎出现了一些不必要的加工。首先就是菅政友，他恐怕尝试了剥去整个刀身上的铁锈。

（宝刀）黑色锈斑之下，隐隐可见金色之处，甚是奇怪。待锈斑安静脱落，始见有文字出现。

话虽如此，但实际上有些地方相当粗暴，可能是用锉刀之类进行了反复的锉磨，以至于后来昭和时期亲眼看到铭文的人都提到：

即便“泰”字判断正确，“初”（读作“初”的第二个字）锈化严重，甚至怀疑是否有后人故意造成的损伤。（末永雅雄[1]《日本上古的武器》）

调查铭文的人也特别针对第二个字指出：

右旁如末永博士所说，近世（？）为确认这一文字，可能用小刀等物尝试进行过多次削刻，能够确认有多处向左下方向的斜线，这个部分都凹下去了。因此，右旁部分无法正确确认哪些是最初的刻画。（福山敏男《石上神宫的七支刀》）

这就是亲眼所见损伤严重的记录。可以想象，铭文整体都受到了后人某种

1 末永雅雄：1897—1991，日本考古学者，橿原考古学研究所第一任所长，关西大学名誉教授。师从滨田耕作，曾主持发掘石舞台古坟、圆照寺里山古坟等。

程度的加工，而第二个字的损伤似乎尤其严重，因为这是人们最希望知道的文字。

损伤的铭文

对于这样损伤严重的文字，后世学者究竟能够多大程度上接近真相，这才是问题所在。既然是将实物置于眼前观察，那无疑是极为客观的研究。但是，这也无法保证一定能够得出正确的结论，因为人类的视觉终究是受到主观影响的。比如关于第二个字，大场磐雄认为：

> 从嵌线的状态来看，明显可以认定为“初”字。

但二十年后，福山敏男最初还留有怀疑：

> 左旁乍看之下是楷书的示字旁，但也可能是禾字旁。

最终他偏向了禾字旁，针对读作“始”的观点断言道：

> 无法认同女字旁，因此不能识读为“始”。

这些都是损伤之后的观察。

这里所说的损伤不仅意味着原有金线的消失。在锉磨工作中，金线的位置也可能发生过移动，飞溅的金线金粉附着到了别的地方，也许会给人造成这是原有笔画的错觉。特别是在被指定为国宝之后，人们更不可能因怀疑是附着的金粉而尝试擦拭，而只能基于现状进行观察。

最令我感到不安的是，菅政友明明说是单人旁的形状，但后世的观察者却识作衣字旁或者禾字旁，笔画都增多了。这当然有可能是从下面发现了金线，但是在这种情况下，比起因擦拭不足而看不到下面的笔画，更可能是因擦拭不当而造成了损坏，于是匆匆忙忙地停止了。而掌握这一秘密的人，无非就是菅政友。

关于第二个字严重损坏的证言异常重要，特别是如果存在故意的损坏，事态就更加严重了。无论多么敏锐的视觉，还是用 X 光透视这样的近代武器，最终看到的都不过是损伤之后的状态。因此，这样的结论不可避免地又要扣分，这样的扣分甚至有可能是致命的。

泰始说的复活

那么，这时候研究者应当采取怎样的手段呢？唯一的方法就是回到原点，重新品味菅政友的观点。毕竟，菅政友才是能够观察到损伤之前铭文状态的唯一证人。也许从某种意义上他是损伤铭文的加害人，但正因为如此，他才获得了目击铭文损伤各个过程的绝佳机会。

菅政友的证言值得信任的另一个原因是，他虽然将第二个字读作“始”，但在叙述其观察的时候，绝没有为了使自己的结论更加有利而进行加工。他在观察第二个字是说道：

与“始”字相似，但只残存一半。

在他的示意图中，也是把左边偏旁处理为单人旁，而不是女字旁。他并没有说明为什么要把这个单人旁读作女字旁，但是既然断言了残存的部分是单人旁，一定是有着某种确信的理由。

我们无法知晓他的真实意图，但如果让我来代为解答的话，某种意义上是可能的。今日我们习惯看到的女字旁，是平假名く加上片假名ナ的形态，但其实女字旁还有一种不同的形态，那就是平假名く和片假名フ的组合。比如朝鲜本《千字文》(《朝鲜学报》第九十八辑）中带有女字旁的文字，如始、妇、姑、好等，都写作这一形态。如果这里的フ字略有倾斜，下部伸长并在末端弯曲，那就近似于片假名イ了，可以用作女字旁的一部分。菅政友之所以有自信将年号读作“泰始”，不带有任何的疑问，恐怕正是基于这样的理由吧。

朝鲜本千字文的“始”字
（日本宫内省书陵部藏）

菅政友所捕捉到的“始”字
（推测）

那么右旁的“( )”形状为什么视作“台”字的残留呢？这也是菅政友十分自信的话语，所以一定有充足的理由。虽然很遗憾无法亲自从他口中得知，但想来他是把“( )”认作了“口”的篆书“凵”的残留笔画了吧。无论如何，菅政友所鉴定的仏形状，与严重损伤后进行调查的各种学说完全不同，如果一定要选一种的话，无疑是首推最初的鉴定者菅政友。想来，在用锉刀锉磨错金的表面时，不仅会使原有的金属线消失，还可能伴随着金线的转移，以及金粉飞溅后附着它处。总而言之，越往后损伤的程度就越大。

在山里迷路的时候，应该重新回到原点。这虽然是常识，但其实也是需要勇气的。特别是以登高为目标的登山家，在遇到难以翻越的障碍时，需要做出暂时撤退以图东山再起的决定。学问的研究可以说也是一样的，我关于七支刀年号的读法有意抛开了昭和时期以后的新学说，而是回到最初的出发点，也就是菅政友的立场，试图重兴泰始说。其中的原因在于，第一，直接利用“泰”字完全不会扣分。第二，菅政友的鉴定是基于损伤严重之前的状态，利用这一结果可以避开新学说所无法避免的扣分。总之，这才是金文研究的正道，除此以外别无其他适当的手段。

晋朝的泰始和刘宋的泰始

话虽如此，我也绝不是一味追随菅政友，全盘否定此后研究的进步之处。尽管追随他将文字读作“泰始”，但正如菅政友自己所说，泰始这一年号在六朝时期用过两回，即西晋武帝的泰始（265—274）和南朝宋明帝的泰始（465—471）。如前所述，菅政友之所以选取西晋的泰始而抛弃刘宋的泰始，是因为干支的问题。他认为，泰始四年之后读作“□月十□日丙午”，月份的字和日期的字都无法识读。翻阅长历后，晋朝的泰始四年中，六月十一日、八月十二日和九月十三日都对应丙午日，可能是其中的一个；而刘宋的泰始四年中，没有任何一个月份的十一日到十九日中存在丙午日。

但是之后的研究表明，金石文中的丙午只是单纯的吉祥句，其实是独立于上文月日的真实干支而使用的，月日和干支并不一定必须一致。换言之，菅政友做了不必要的无用功，因此他优先考虑西晋泰始的理由也就不复存在了。除此之外，他没有任何关于选择泰始四年的说明，所以我必须重新回到了白纸，对两者进行比较。

首先，依据极为常识性且原则性的判断，文物的时代鉴定常常存在着推测年代远比实际年代更古老的倾向。但实际上，年代越古老就越难存续到今天，越新的东西才越容易流传到后世。如果理性思考，谁都会得出这样的结论，但在感情上却希望将文物尽可能推测得更古老。法隆寺的情况就是这样，作为世界最早的木构建筑和相传圣德太子所创建的寺院，谁都愿意相信它是原样保存至今的。但是更为可信的《日本书纪·天智纪》“天智九年四月壬申”条却明文记载着“灾法隆寺，一屋无余”，所以喜田贞吉据此提出法隆寺重建说，这才是历史的正道，绝不是什么偏颇的议论。但当时的爱国者们却联合起来将喜田说斥为异端，结果随着实地调查的进展，喜田的正确论断才得到了广泛认可，这也是理所当然的结局。我在本书中还会介绍一个与之类似的事件，但是是在后文中了。

宋泰始四年说

我们所面临的问题是，七支刀铭文中的泰始四年究竟是晋朝的年号还是刘宋的年号，必须选择一个。基于常识，我认为应该采用后者。毕竟西晋武帝的泰始四年对应应神天皇六十八年，神功皇后的摄政仍在继续。根据近来历史学的倾向，此时的日本纪年非常值得怀疑，甚至连神功皇后本人是否存在都没有定论。相反，到了二百多年后的宋明帝泰始四年，相当于日本雄略天皇十二年，那正是日本与三韩、中国江南关系日趋密切的时代。在这样的环境中，从百济获赠新型刀剑也毫不奇怪。因此，在年代问题上我抛弃了菅政友的学说，而是优先考虑刘宋的泰始四年说。这一学说恐怕历来都没有人提起过，相信是我的首创。

不过如前所说，七支刀的年代问题之所以众说纷纭，是因为任何一种都缺乏决定性的证据，最终只是哪一种更优先的问题，无法避免相对的性质。换言之，年代问题不仅应当首先进行论证，同时也应该放到最后反过来进行检验。因此，下面我将依次对后文进行解读。

五月十六日丙午正阳

接下来是关于制作日期的七个字，读作“五月十六日丙午”。其中的“六”字曾经读作“一”字，这一认识始于菅政友，还得到了高桥健自的赞同。但在这种情况下，我不赞同这一看法。

因为“六”这个文字，是在菅政友进行锉磨之后才从下面出现的。这种现象偶尔也是可能的，我曾在橿原考古学研究所附属博物馆中亲眼确认了这个文字。

但是，赞同将日期视作“十一日”的学者仍有很多，如福山敏男、大场磐雄等，就连石上神宫方面也曾经采用。最早识读为“十六日”开始于榧本杜人，此后这种读法成为通说。

然而李进熙的新说认为，十六日的“六”字之所以能够清晰辨认，一定是有人加以伪造的结果，本来无疑应该是十一日。李进熙也将年号读作

“泰和”即“太和”，但他认为是北魏孝文帝的年号。这样一来，太和四年（480）五月十一日的干支正好是丙午，下文的解读就没有问题了。

但是，李进熙的学说一定程度上建立在将可以明确识读的“六”字视作伪造的基础上。所谓伪造，必须是通过这一伪造能够获得某种利益，但是作为所有者的石上神宫，通过这样的伪造又能期待什么样的利益呢？

而且作为外行人来看，要在布满铁锈的刀身上施加金线，应该是万分困难的事。为了完成这样的工作，必须委托给特殊的技术人员，但如果神宫方面为了使刀的来历更加古老而委托专家进行加工的话，则完全没必要修正“十几日”这样的细枝末节，而应该对更为重要的年号或者年数下手。实际上，把“一”修正为“六”，对于神宫方面应该不会有任何的好处。

自从榧本指出以后，“十六日”的文字经过多名学者之眼，应该不会再有异议了。站在尊重众多观察者的视力的角度上，我也如实地把这三个文字识读为“十六日”。

其实，对于日期之上的月份，也曾一时被识读作“六”，还有过读作“正”或是“四”的疑问。同样自榧本杜人读作“五”以来，几乎得到了所有人的赞同，读作“五月”可以视为通说了。

日期与干支详论

前人曾因日期与干支不合而殚精竭虑，费尽心思试图使两者相互匹配，但实际上这样的不一致并不成为问题。这一点随着研究的进展得到了证明，因为铭文的解读开始参照了古镜镜背铭文的研究成果。

中国古镜的研究，在日本以富冈谦藏为首，还有梅原末治、高桥健自等学者相承，是考古学上最为进步的领域。中国自汉代以来铸造过众多青铜镜，有不少铜镜的背面除绘画图案外还铸造了文字，文字与图案一样逐步固化，这些语句就成为惯用语。这样的套话多数都是避祸求福的所谓吉祥话，如果熟悉许多例句的话，即便在文字不清晰的情况下也能大体推测出来。这种单纯的吉祥话，也就是不具有深刻含义的形式性套话，还逐渐侵入本应如实记录的制作日期，形成了所谓的吉祥日期。其中出现最多的，就是“五月丙午”这四个字。

五月丙午

铜镜是用火力熔化青铜，然后注入铸模中制造的，所以最重视火，将火视为神圣。因此，镜铭中的日期也要选择与火相关的文字。在旧历中，五月是夏季的中间月份，也是火气最旺的月份。丙午的丙就是“火之阳”[1]，午从方位来说是正南，也就是太阳的方位。所以即便这一年的五月中不存在干支为丙午的日期，也毫不妨碍在镜铭中写上“某年五月丙午”，这已经成为一种习惯。关于这一事实，富冈谦藏的论文具有指导性的意义，此后也有众多前人的论著论及这一点。至于实例，梅原末治编的《汉三国六朝纪年镜图说》着实是一本便利的图录，现在我列举几个“五月丙午”铭文的实例。

1 火之阳：中国古代将十天干与五行相匹配，甲乙属木，丙丁属火，戊己属土，庚辛属金，壬癸属水。同时又分阴阳，甲、丙、戊、庚、壬属阳，乙、丁、己、辛、癸属阴，所以天干“丙”对应为“火之阳”。

[永]加（嘉）元年（145）五月丙午

延喜（熹）二年（159）五月丙午日

建兴[二]年（253）岁在太阳五月丙午时加日中

太平元年（256）五月丙午

太平元年（256）五月丙午时茄日中

[太]平元年（256）岁在太阳五月丙午时茄□

宝鼎三年（268）岁次太阳五月丙午时加日中

[太]和元年（366）五月丙午时茄日中

从上述例子中可以看到，与“五月丙午”同时使用的语句有“岁在太阳”和“时加日中”。“岁”是岁星，也称太岁，就是木星。木星每十二年绕天空一周，其轨道称为“兽带”，将之十二等分即为十二宫，以子、丑等十二地支命名。太阳虽不进入十二宫中，但与“午”是一致的，这时的太阳称为“岁在太阳”或“岁次太阳”，太阳的方位就是“午”的方位。如果岁星在午的方位，则这一年必须是午年，但实际上从年表中可以看到，建兴二年、太平元年、宝鼎三年都不是午年。总之，这就是吉祥句，与实际不相符合也丝毫没有关系。同样道理，即便写作“五月丙午”，当年五月中如果不存在丙午日也是毫无问题的。从十二地支的角度来说，五月又相当于午月，因为十二地支是从正月为寅月开始计算的。

然后是“时加日中”一句，读作“时加于日之中”，“茄”和“加”因为同音可以假借。所谓“中”，是指日月和星辰从地球上看移向正南方。

换言之，这句话的意思就是太阳在正南方午的方位上，相当于正午的时刻。

镜铭的丙午

总之，镜铭中所见的制作日期，岁也是午，月也是午，日也是午，时刻也是午，什么都和午沾边才被视为吉兆。虽然这样万全的时刻是不存在的，但吉祥句就是要无视这一点。

铜镜中有一种凹面镜称为阳燧，它也应该在五月丙午日铸造。东汉学者王充在《论衡·率性篇》中说：

> 阳燧取火于天，五月丙午日中之时，消炼五石，铸以为器，磨砺生光，仰以向日，则火来至。

《乱龙篇》中也有同样的记载。

刀剑的制造同样需要火力，所以也使用五月丙午这样的吉祥句。东大寺上古坟出土的东汉铁刀上可以看到这样的文字：

> 中平□□五月丙午（185？）

五月五日与五月丙午几乎是相同的意思，也经常被使用。前引梅原的著书中介绍了含有“延熹三年五月五日”铭文的铜镜。这一风气延续到了唐代，白乐天的《白氏文集》卷四中有以《百炼镜》为题的乐府诗，诗中就出现了适于铸镜的“五月五日午时”一句。“日午时”同“日中时”，也就是太阳位于午的方位的时刻。五月五日是所谓的“端五节”，由于“五”

和“午”同音,也写作“端午”。所以“五月五日”和“午月午日”读音相同,上面的诗句也可以读成“午月午日午时”。

铜镜的铭文中还会出现“五月二十五日”这样的日期，这也应该放在五月五日的延长线上来理解。前引梅原的著书中有两例：

> 赤乌元年（238）五月二十五日丙午
>
> 赤乌七年（242）五月二十五日丙午时加日中

九九乘法中五五得二十五，这里的二十五就是两个五的乘积。九九乘法在中国汉代就已经存在，这种算法在两个五相乘时也称为“五五二十五”，和日本完全一样。换句话说，二十五正是“五五”，也就是“午午”。

不过，镜铭中“五月十五日”的含义却略有不同。十五日是一月的中间一天，五月十五日是仲夏五月中最堪称盛夏的日期。这样的例子在前引的梅原著书中有两例：

> 延熹七年（164）五月十五日丙午
>
> □□九年五月十五日

此外，书中还介绍了“永安四年（261）太岁己巳五月十五日庚午”这样的镜铭，永安是三国东吴的年号，但其干支应该是辛巳，而不是己巳。究竟出于什么样的原因将“辛巳”改成了“己巳”呢？我们无法找到相应的理由。因此，这里的“己巳”可能是“在巳”之误，“太岁在巳”这样的写法是最频繁使用的。比如《尔雅·释天》中就有这样的句子：

> 太岁……在巳曰屠维。

因为是经书中的句子，所以成为读书人时刻记在脑海中的知识，在铸造镜范时往往是工人犯的错误。镜铭中存在错字的情况并不少见，比如前引梅原著书中记载的

> 建宁二年正月廿七丙午

廿七的七是“五”之误，下面脱落了“日”字，还有人说“正月”的“正”也许是“五”之误。

即便将永安四年镜改读为“太岁在巳”，五月十五日下面的“庚午”也仍是一个问题。不过这个时候即便不视为误字，庚也就是“金之阳”，是与铸造材料的金属相关的天干，用它来替换“丙”也是说得通的。

五月十六日的含义

镜铭的日期多种多样，终究是难以全部说明的，但以上对通常流行的吉祥语也有了大致的介绍。这是我们解读七支刀的制作日期“泰始四年五月十六日丙午”，特别是其中“五月十六日”的含义所必备的步骤。

相比五月五日、五月十五日、五月二十五日，这里的五月十六日似乎与五日和二十五日相差太远，所以必然是与十五日相关联进行解读。也就

是说，十六日是出于某种原因将十五日偏差一天的结果，那么偏差的理由究竟是什么呢？

请大家再次回想十五日的含义，这里的十五日是最称得上夏季的仲夏五月的中间一天，也就是最堪称盛夏的日期。但是，如果这一最堪称盛夏的日子不是单从五月中寻找，而是放在夏季的三个月里寻找中间一天，那又该怎么办才好呢？毫无疑问，就是将夏季三个月的天数相加，然后求出前后天数都相同的中间一天。这里为了进行计算，我们需要记载了月份大小的日历，幸运的是，日本有《三正综览》这样方便的长历。

现在根据《三正综览》，查出南朝刘宋泰始四年（468）夏季三个月的月份大小，结果是：

四月小，五月大，六月大

依此计算的话，三个月的天数是八十九日，其中最中间的日期正是五月十六日，它的前后各有四十四天。也就是说，五月十六日是这一年里最称得上夏季的月份中最堪称盛夏的日子。换言之，这是暑热最旺的时候，也是与锻造所需要的火热最相称的日期。这一事实还可以反过来证明，将七支刀的铭文日期读作“泰始四年”是最为合适的。

借助《三正综览》，我们用这个方法来检验关于七支刀日期的各种学说是否妥当。

西晋泰始四年（268）：四月大，五月小，六月大最堪称盛夏的日期是五月十五日。

东晋太和四年（369）：四月大，五月大，六月小

最堪称盛夏的日期也是五月十五日。

北魏太和四年（480）：四月大，五月大，六月小

和上一条完全一样，最堪称盛夏的日期还是五月十五日。结果，只要不认同我的前提就无论如何不能得出五月十六日这个日期，而除此之外又无法说明五月十六日的含义。单从这一点上来说，南朝刘宋泰始四年说可以看作是定论了。

百济与南朝

紧接着可能会产生这样的疑问，即当时的百济国对南朝刘宋的历法是否具备足够的知识。我认为，当时的宋、百济和日本之间存在着超出一般想象的密切通商关系。开通南朝与日朝间海上交通的正是江南的贸易商人，三国之间的国家关系也正是基于这样的民间通商才得以建立的。所以，三国间的交往不只发生在正史中存在记载的那些年，实际上要频繁得多。正史中所记载的朝贡，特别是遣使的记载，是在政府派遣之下乘坐特别准备的船只来往的情况。当使节乘坐民间船只来往的时候，则只会记载国交文书的授受。比如《宋书》卷九十七《蛮夷

传》记载：

> 义熙十二年（416），以百济王余映为使持节、都督百济诸军事、镇东将军、百济王。高祖践阼，进号镇东大将军。

这种记法就是南朝使者乘坐商船前往百济的情况。同书又接着记载：

> 少帝景平二年（424），映遣长史张威诣阙贡献。

这是记载的从百济发出了特别准备的朝贡船，前往刘宋的都城建康。

中国对于国内的地方长官和域外的朝贡国，每年都会颁布下一年的日历，这被称为“颁正朔”。历法是农业所必需的知识，为了使万民不失农时而颁布日历，这是作为帝王的崇高义务。因此刘宋的情况也是一样，一定会竭尽各种方法向百济送去下一年的日历。

正阳与正午相同，本来是指正南的方位，同时也可以指太阳高升到正南方的时刻，也就是白天的十二点。中国的北京市是以清朝的皇宫为中心建造的，周边环绕着多重的城墙，其内城的正南门是正阳门，里面紫禁城的正南门就是午门。

造百练□七支刀

“百练”本来写作“百炼”，在金石文中常常是相通的。下面的缺字无疑是“钢”或者“铁”，百炼钢指多次锻造而成的精铁，是金石文中常见的惯用语。喜好金石的画家富冈铁斋[1]，他的另一个号就是“百炼”。事实上，这把刀不辱“百炼”之名，经过奈良国立文化遗产研究所进行的精密物理调查，结果确认它的原料是砂铁，是以含钛的上等铁制造的。不过，不说“百炼而造”，而是“以百炼铁造”，其中似乎另有隐情。

这把七支刀是否是百炼之钢，其实是存在异议的。橿原考古学研究所的技术研究员河内国平[2]，曾依据实测图和照片制作了刀身的仿制品。一条扁平的铁棍，两侧各设置三个接口，通过锤子击打使其延展，从而做成枝杈。但由于主体和枝杈的间隔过于狭窄，每次用火时不仅枝杈被烧毁，主体上也着了火。七支刀这样的形状，烧制和打磨应该都是不可能的，所以有观点认为，它不是百炼锻造，而其实是铸造的，而且不具备利刃，是将重点放在形状和铭文上的装饰品。[《读卖新闻》昭和五十六年 (1981)5 月 5 日报道]

这把百炼钢的七支刀，无疑对应了《日本书纪 · 神功皇后纪》“神功皇后五十二年（252？）秋九月（十日）丙子”条中所出现的七枝刀。这里的“七枝刀”被读作“七个枝杈的大刀”，“支”和“枝”同音同义，是指豆荚一样的形状。如果用在刀身上，刀鞘的鞘读作“さや”也是由此而来的[3]。根据《书纪》记载：

---

1 富冈铁斋：1837—1924，明治大正时期的文人画家、儒学者，富冈谦藏之父。代表作有《阿倍仲麻吕明州望月图》《二神会舞图》等，被誉为“日本最后的文人”。

2 河内国平：1941— ，本名道雄，号国平，日本刀匠。出生于大阪，2005 年认定为奈良县非物质文化遗产传承人。

3 在日语中，豆荚和刀鞘的读音都是さや，作者认为它们是同源的。

（百济使者）久氏等，从千熊长彦诣，则献七枝刀一口，七子镜一面，及种种重宝。

据说这把七枝刀是用谷那铁山的铁锻造的，而流经国都西方的河流也正是从那里发源。

一般认为，这座山位于临津江的上游，位于黄海道的谷山郡。据久氏等人所说，到这座山需要七天的行程，这和七枝刀、七子镜一样，都是为了迎合“七”这个数字。七子镜是七角形的镜子，每个角的尖端有装饰的玉，可能就是后来出现的仿制铃镜的原型。

□辟百兵

第一个□字形不明，有人读作“生”，有人读作“世”，也有人读作“出”，众说纷纭。读作“生”开始于木崎爱吉的《大日本金石史》，得到了大场磐雄、末永雅雄等人的支持，福山敏男也倾向于此。这个时候，“生”要读作“进”的意思。

对此，榧本杜人有时识读为“世”，也获得了相当数量的赞同者。世，当然就是“世世代代”的意思。

佐伯有清将之读作“出”，也就是“出来”的意思。各家观点无法统一的原因在于，虽然大致的笔画都能够捕捉到，但都缺少了其他决定性的证据。换言之，还存在其他各种假说的余地。

在此改变立场，站在汉文语法的角度来看的话，以上各种读法都识读为了实词。“辟百兵”，也就是“辟除百兵”的意思，这已经是一个完整的句子，如果上面再加一个实词，就会产生限定句子意思的结果。如果读作“出来”，就会问“那进去如何呢”；如果读作“生（进）”，就会问“那退如何呢”。如果读作“世”，那么它统摄下文的哪里呢？我认为这里不应该是实词，而是要读作不带具体含义的虚词。

因此，薮田嘉一郎[1]读作“以”的观点甚合我意。不过如各家所认同的，铭文的字形是几条平行的横线和一条贯穿它们的竖线。“以”的字形两方面都不符合，所以我想像榧本杜人曾尝试的那样，读作和“以”同音同义的“目”。但这在字形上仍然会有异议，因为竖线必须从文字的中央贯穿。如果是这样，我还准备了第二手，那就是“用”字。之所以“目”字第一、“用”字第二，因为金石文中很少看到使用“用”字，而含义上“目”和“用”是一样的。

“辟百兵”的“兵”不是指军队，而是兵器的“兵”。“辟百兵”，也就是避免于各种兵器所造成的伤害的意思。

宜供供侯王

这五个字在一般的金文中只写作“宜侯王”三个字。这里的“侯王”是源于汉代制度的名词，标准的叫法是“诸侯王”。汉代地位比天子低一等的是诸侯王，也就是拥有大片领土、具备周代诸侯性质的王。往下还有拥有领土，但不是王而是侯的列侯，也称为

1 薮田嘉一郎：1905—1976，昭和时期古代学研究者、综艺舍创始人。1946 年将出版业务交给长子后，潜心钻研日本古代史、金石文、艺能学和易学，代表作有《日本上代金石从考》《日本古代文化与宗教》等。

通侯。再往下还有没有领土的侯爵，称为关内侯。这一制度在名义上贯穿了汉魏六朝，但其实质有很大的变化。

诸侯王在地方上握有强大的权力是在西汉初期，景帝和武帝通过打压政策逐渐建立起中央集权，诸侯王变成了以天子的王子的名义分封到地方上的王。进入六朝后，除西晋所谓八王之乱的时期外，虽有诸侯王的名称，但不过是名义上的存在了。天子的王子从幼小时期就被封王而拥有领国，这就使得诸侯王的数目显著增加。因此，侯王之名相对下滑，只是作为高贵特权者的代称而频繁运用于金文之中。

向中国朝贡的外国君主本身绝不是诸侯王，但由于其低天子一等的地位，比照侯王的地位来这样称呼也不是不可思议的。

这样看来，“侯王”是无须特别解释的极其普通的名词。经常出现在镜铭上的“宜侯王”也就是“适宜于侯王”，持有者如果已经是侯王则会获得幸福，如果还不是侯王，就会很快晋升到侯王，或者是相当于侯王的高贵地位，包含着祝福的含义。

不可思议的是，日本学界过于拘泥“侯王”二字，给出了各种各样的意见，这和中间插入的“供供”二字的解释是相关联的。

何为“供供”

长期以来，“供供”被读作“供用”的意思。中间还产生过这样的议论，这里的“供”究竟是上对下的给予，还是下对上的供奉？最初解释为百济王贡献给倭王，这并没有异议，但近期韩国和韩国派的学者对此表示反对，甚至提出以天子自居的百济王家赐给作为臣下的倭王这样极端的主张。最后，栗原朋信提出了一种折中观点，即两种观点都不对，应该是东晋皇帝下令百济王赐给倭王。

在我看来，即便“供供”是“供用”的意思，从文字中读出上下等级差别的解释是很奇怪的。“供”是“供给”的“供”，最初是不问对方地位高低的。所以，既有“供奉”“供职”“供御”“供养”这样下对上的服务，也有“供亿”“供济”“供赡”等救济贫穷者的含义。这样的知识，翻一翻字典就能知道。

即便将“供”解释为“供用”，也很难解释为什么叠用“供供”。于是有观点将上面的“供”读作“复（復）”，但这也难以解释。榧本杜人提倡索性将“供供”视作形容词，这个观点才是说得通的。不过，榧本是将“供供”解释为“许许多多”，后来佐伯有清提出了新说，认为“供”与“恭”相通，“恭恭侯王”就是恭恭敬敬、很有礼貌的侯王。而且“恭恭”的句型见于新罗的圣德大王神镜铭中，那里就有“恭恭孝嗣，嗣业”云云。到目前为止，这是最合理的解答了。

“宜侯王”是镜铭之类中常见的套话吉祥句，并没有什么深意。这里虽然加入了“供供”这个形容词，但“恭恭”不问上下，而是应当具备的品质，所以无论对谁使用都不会失去其套话的性质。尽管理论上应该是这样的，但常用的三字吉祥句增加到五个字，而且是插入了很少使用的“供供”二字，这不像是单纯的巧合。这种情况下，“恭恭”与其说是赞扬对方的品德，不如说是暗中包含着要求对方恭敬的意向。作为外交辞令，这也是经常使用的。

如果像我解释的那样，把年号读作“泰始四年”的话，这就相当于雄略天皇十二年。按照我的看法，当时正值日本国王采用中国式的天王称号，向三韩各国夸耀自己实力的时候。对此，百济的内心自然是不平衡的，怎奈北方受到高句丽的威胁，必须避免因为名分上的问题而构衅日本。七支刀的铭文如实地反映了这一复杂的外交进退，这把七支刀虽是能给侯王身份的人带来幸福的宝物，但必须是礼仪端正、谦逊的侯王才会起作用——这就是百济对倭王的讥讽。如果放在其他时代，这样的用心恐怕是没有必要的。

□□□□作

七支刀正面的最后，不明确的四个字下可以读出“作”字。至今为止几乎所有的研究者都认为，既然最后是“作”字，那上面的四个字就是作者的名字，既然是固有名词，那就无法推测这些文字了。

但是，我对于这样的前提表示怀疑。在从上往下的解读中，这个地方突然出现作者的名字，这无论如何是不合理的。再说从背面铭文来看，这把七支刀的制作者是百济王世子。当然，虽说是世子制造，但也不可能由他亲自挥舞铁锤，他应该是指挥者，另外还有实际从事工作的人。如果把这个人命名为作者，两者也不是不能共存，但还必须考虑到出现名字的位置。

工作者的名字？

既然责任者是百济王世子这样地位高贵的人，有可能在他之前先刻上工作者的名字吗？即便要出现名字，也应该先写“王世子”云云，然后再用小字刻出名字。不，毋宁说在王世子前面根本不需要出现工作者的名字，因为两者的地位相差太远了。

既然这不是该出现工作人员名字的地方，那么即便以前的研究者都一致同意、丝毫没有出现过怀疑，我也认为这个字是否读为“作”需要重新考虑。从上往下阅读铭文，这最后的五个字也只能是吉祥句才行，而推测吉祥句的线索无非就是这个“作”字。依我推测，这个字并不是“作”，而是“祥”字。从“祥”字上抹去若干笔画，基本上就能出现“作”的字形。

如果确定最后的字不是“作”而是“祥”，上面的两个字就能毫无疑问地比定出来了。“大吉祥”，这三字是金文中常常出现的套话，特别是能和“宜侯王”相互对应。不过上面还有两个空字，这里即便比对实物所留下的痕迹，恐怕也无济于事。自菅政友以来，学者们都没有处理这个地方，放弃了这两个字的比定。

但若要说完全没有头绪，也不是这样。既然上文是“宜侯王”，下文是“大吉祥”，中间两字也必定是相应的吉祥句。加上还有两个字这一限定，可以选择的范围已经很小了。

福禄寿

还有一个可以考虑的条件，“宜侯王”也就是对应了中国人对禄的追求，“大吉祥”则是对应了福的期盼，那么另一个条件就必须和“寿”的要求相对应。自古以来，中国人如果不能齐全福禄寿三者，就不能说是幸福的人生。中国的古镜铭文中经常能看到“延年益寿”“长生久寿”这样的偶数字数的吉祥句，从中很容易造出两个字的祝寿句。铭文是错金的，细加工十分困难，因此字形必须尽可能简单。幸运的是，梅原末治编《汉三国六朝纪年镜图说》中的东吴五凤元年神兽镜铭文中，就能看到“大吉利永年”这样的句子。“大吉利”和“大吉祥”相同，看来“大吉祥”和“永年”是十分匹配的句子。刚才的五个字如果定为“永年大吉祥”，那就符合了所有的条件，可以说是最没有抵牾感的了。即便不能完全猜对，我相信也和答案相差不远了。

以上是正面的三十四个文字，和普通镜铭基本上是相同的性质，由制作年月日和吉祥句构成，只有“侯王”之上加入的“供供”二字称得上特别。但是考虑到作为侯王美德的供供（即恭恭，也就是谦逊）是十分普遍性的要求，至少从表面上看，把它处理为常见的铭文就可以了。

先世以来未有此刀

七支刀背面的铭文与正面很不相同，是这把刀所独有的。它记录了铸造七支刀的渊源，特别是其中叙述了为赠送给倭王而制造，因而包含着外交的意味。但是，我们不能就此断定铭文是外交文书，因为关于谁送给谁，或者说发信者谁赠予收受者谁，这样的基础要素一概没有涉及。这毕竟只是制造者独白的形式，就如同近年来文豪们的日记一样，书写的时候就预想到了要给别人看。但日记终究是个人性质的，不是通信文书。

最初的八个字承接正面的七支刀而言，

> 先世以来，未有此刀。

基本没有问题。只是观察“刀”字铭文的实物，发现左下方有凹槽，也可以认为是金线脱落留下的刻痕。因此有人提议这个字应该读作“刃”，但我对此是不赞同的。既然正面已经出现了七支刀的名字，背面的“此刀”无疑就是承接着七支刀而言，改成“此刃”在文理上是不通的。此外，刃终究只是利器部分的名字，而不是独立的器物名称。我们可以说“刀一口”，却没有“刃一口”的用例。

在这样生锈的七支刀表面发现的痕迹，我们无法断定究竟是加工留下的刻痕，还是偶然造成的伤痕。这些痕迹如果利用得当，就能够带来有益的启示，但也无法成为证据。它只提示可能性，却不具备必然性，因此可以说完全取决于运用者的能力。这一点正是这类研究的本质。

百濨王世子

这一句的头五个字最早由福山敏男解读为“百济王世子”，此后铭文的性质变得十分明朗。第二个字无疑是百济的“济”，但字形上却十分特殊，也有人将右旁识读为“慈”。我现在依据福山写作“濨”，这是字典中没有的字形。

那么，为什么会出现这样的异体字呢？这里很难想象只是偶然的失误或者心血来潮。如前所述，这篇铭文不应被视作外交文书，但它确实包含着外交性任务的句子，所以解答这一问题的关键就隐藏在文书性质之中。

七支刀早晚会赠送给倭王，会在日本朝廷中展示并接受日本史臣的探讨。如果预计到这一点的话，铭文中就不能出现有损倭王君臣感情的文字，这是百济史臣必须首先考虑到的地方。

根据我的解释，这把七支刀制造于刘宋的泰始四年，我朝相当于所谓倭五王的末期、雄略天皇的时代，从刘宋的角度说就是倭王武的时代。倭王武的父亲倭王济曾向刘宋朝贡，那么当时的日本天皇对于百济，也必然是以倭王济的名字通告的。当时无论国家之间还是个人之间，都是知晓对方国家的国讳后，在不犯讳的前提下进行文书交往的。

避讳的习俗

从汉代开始，朝廷大臣的等候室，也就是朝堂上都悬挂着所谓的“讳榜”，用来展示历代天子的名讳。面对天子时，臣下必须注意避开这些名讳。南齐时候有个叫王慈的人，他认为避讳不见于古制而一度上书请求废除。他的上书遭到了大学者任昉的反对，任昉认为这是尊重天子所必需的知识，保持原样即可，于是王慈的提议没有了下文（《南齐书・王慈传》）。外国的使臣也是一样，他们当然要学习国讳，并且会为防止忘记而抄在笔记上带回。避讳不仅是针对天子，地方长官到当地上任时，官府的总务部长就会首先询问长官祖先的名讳，这叫作“请讳”（《晋书・王述传》）。目的就是防范同僚们随意使用，对长官造成不礼貌的行为。

正因为是这样的时代，百济在与日本交涉时，当然也会把日本的国讳作为常识，尽可能地避开使用。而日本对外的国讳，应该就是以所谓倭五王的名字记载下来的武、济等等。于是，济和百济的国名起了冲突。这时比起国名来，必须首先照顾对方的国讳。因为国名只是地名，百济国即便写作伯济国之类，也不至于会损伤国威。

日本本身自古并没有避讳实名的习惯，但既然进入了国际社会，就必须展现出中国式的社交礼仪。将天子的名讳写作中国式的单名，大概也正是为了中国式社交的便利。当然，中国的皇帝将倭国视作朝贡国，无须避讳倭王的实名，在国书、辞令中都可以随意书写和使用。但是，同样作为朝贡国，以对等交往作为前提的日本和三韩诸国之间，还是必须依照中国式的礼节进行交涉。《日本书纪·应神纪》“应神二十八年”条记载，高丽国[1]的上表中写有“高丽王教日本国”，菟道稚郎子[2]斥责其中的“教”字无礼，结果把上表撕碎了。

所谓倭王济的在位年代，《宋书·倭国传》在451年到460年间有相关记事，相当于允恭天皇[3]的时代，在南朝刘宋则是文帝末年的元嘉二十八年到下一代孝武帝的大明四年这十年之间。因此，如果像我说的那样，七支刀的文字避了倭王济的名讳，那就必须是倭王济即位之后的事，这和栗原朋信的东晋太和四年（369）说是抵触的。查阅年表，东晋的太和四年相当于仁德天皇五十七年，可能就是《宋书》中所说的倭王讚，也就是倭王济的两代之前。与讚同一时期的百济，不可能为了避讳倭王济的名讳而对自己国号的文字进行修改，因此也没有理由将“济”字改写成复杂的字体。

奇生圣□

这四个字中，前三个字基本没有异议，最后一个字或是作“音”，或是作“晋”，两派意见的对立相持不下。

---

1 高丽国：这里指高句丽国，下同。

2 菟道稚郎子：生卒年不详，应神天皇之子，仁德天皇的异母兄弟。《日本书纪》记载，菟道稚郎子深受其父应神天皇喜爱，一度被立为太子，但为把皇位让给贤能的异母兄仁德天皇而自杀。

3 允恭天皇：生卒年不详，日本第19代天皇，仁德天皇之子，反正天皇之弟，讳雄朝津间稚子宿祢尊或男浅津间若子宿祢王（おあさづまわくごのすくねのみこと）。

最早读作“音”的是福山敏男，把“圣音”解释为日本天皇的恩典。“奇”读作倚靠的“倚”，连起来读作“（因为）将生存倚靠于恩典”。但是，这样的读法反映出日本曾经统治过朝鲜。近年来作为这一观点的反弹，韩国学者过于热衷其国粹主义，甚至将古代日本视作百济的属国，所以这样的观点是难以被接受的。

不过村山正雄[1]的新说从中获得了启示，他主张“圣音”是指佛陀的圣音。村山认为，铭文的文字只能读作“音”，这份文书受到佛教信仰的影响，所以“圣音”是指佛音，也就是佛的恩典，四个字连起来读作“奇特而生存在圣音中”。

但是，即便“圣音”的文字无误，直接将其解释为佛陀的恩典并朝着佛教的方向展开，这也过于唐突了。如果是佛典中的句子，那还没什么抗拒，但这是关于政治色彩极强的百济王世子的记述。我们无法想象世子是一个热心的佛教徒，而且这份文书即便不是世子书写，也是出自秉承世子旨意的史臣之手。当时的史臣主要是儒学出身，应该习惯于运用儒学的语言撰写文书。查阅日本的记录，佛教传到日本是在遥远的后世，即钦明天皇[2]十三年（552），这比村山所主张的东晋太和四年（369）晚了近两个世纪。如果说这是在日本布教的尝试则有可能，但实际上佛教由东晋传入百济一般认为是在384年，就算这位世子本人早已信教，但他在发

---

1 村山正雄：1951—　，神户亲和女子大学教授，专攻德国文学、美术史。

2 钦明天皇：509（？）—571（？），日本第29代天皇，继体天皇之子，又称“天国排开广庭天皇”。在位期间佛教传入日本，任那被新罗所灭。

言中以自己感谢佛恩之事向倭王寻求共鸣，这是毫无意义的。

圣音说的延长

同样读作“音”的学说中，风气为之一变的是西田长男[1]，他将“奇生圣音”四个字读作百济王世子的名号。如果这种学说无误，我们便可以从世子的名字中马上得知七支刀的制作年代，但事实真是那么顺利吗？西田首先举出《日本书纪·神功皇后纪》“神功皇后五十二年”条：

> 秋九月丁卯朔丙子（=十日），久氐等从千熊长彦诣，则献七枝刀一口，七子镜一面，及种种重宝。

他着眼于当时的百济王是近肖古王，太子是贵须，尝试将“奇生”比定为“贵须”。上一个字都是 k 声母，下一个字都是 sh 声母，所以可以视作相同。“圣音”的含义虽然不详，但可能是对太子的尊称。随后，佐伯有清也支持这种观点。但是反对的声音也很多，由于发音学上的障碍，两者无法视为相同。

比发音学更加困难的，是当时国际上的习惯问题。如果是宗主国中国的皇帝，他可以随意称呼百济王、世子的实名。作为朝贡国，百济会自己称呼王和世子的实名，并奉上国书，这就是当时的习惯。但如果是对等国

---

1 西田长男：1909—1981，日本神道学者，国学院名誉教授，师从宫地直一，专攻日本古代神道史。

家之间，无论自己的实名还是对方国主权者的实名，都是无法直接使用的，这也已经成为常识。如果称呼自己的实名，那就是将对方国家视为宗主国，而如果称呼对方国王的实名，则意味着将对方视作朝贡国。现在如果百济王世子将自己的实名写入七支刀并送往日本，就会招来和外交文书一样的效果。王世子不可能亲自撰写这样的文书，史臣们面对这种有损王子脸面的事，更是会加以拒绝。

圣晋说

这个文字不读作“音”，而是读作“晋”，这一学说由榧本杜人首倡，获得了很多的支持者。但提出飞跃性的全新解释的，则是栗原朋信。栗原认为，百济王和世子是依据东晋的命令将七支刀送给倭王的，所以七支刀的主要功劳者是东晋废帝司马奕，也就是海西公，百济的作用是十分微弱的，基本谈不上拥有主体性。这样的解释是否可能呢？根据栗原的读法：

> 先世以来未有此刀，百济王（与）世子奇（寄）生圣晋，故为倭王旨造。

其中的“圣晋”就是东晋自称的国号，因为某种原因，百济王世子将生存寄托于圣晋，所以晋制作了七支刀。这样的解释是难以成立的。

首先从文章上看，主语是这把刀，下面叙述种种理由，这些理由的结果就是为倭王而制造，理由和结果之间的关系十分混乱。作为理由的百济世子将生存寄托于圣晋，这种表达也很不清晰。如果指百济作为晋朝的朝贡国这层意义的话，适用的套话举不胜举，比如《宋书》中就有“仰化怀诚”“驰慕声教”“畏威怀德”“偏受殊恩”“越海效诚”“作藩海外”等实例，意义都很明确，或者也可以从中选取字句，组织成相同含义的句子。在什么样的情况下能够舍弃已有的常用套话，而必须重新创造意义不明的新句呢？我认为，即便东晋的史臣奉命书写这样的句子，他们也会拼上史臣的面子加以拒绝的。

从当时的国际关系来看，百济最早向晋朝朝贡是在简文帝的咸安二年（372），相当于太和四年（369）的三年后，当时百济与东晋之间是否存在国交都还难以推测。日本向东晋朝贡的记录则更晚，是在安帝的义熙九年（413）。当然，建立国交之前的商船来往是完全可能的，但是公开遣使、朝贡毕竟是大事件。面对朝贡国，中国朝廷很可能令其劝诱其他国家进贡，或者取缔其他外国民众的海盗行为，但是在百济是怎样一个国家都没弄清楚之前，就通过百济的世子将七支刀这样的宝物送给更加不了解的倭国国王，这种孰不拘礼的行为真的可能吗？

圣德说的提倡

如果必须进行不自然的想象，那一定是铭文的读法不对。这时应该抛弃所有的线索回到白纸，重新踏出第一步，这才是研究的正道。我的方法就是利用汉文的性质，从中推测出缺少的文字。

其实，只要对朝鲜古代史稍有关心的人，一看到“奇生圣□”四个字，应该立刻就会想到什么。那就是著名的《高句丽广开土王碑》中的文字

（414 年建立）。碑文的第一面第一行介绍了始祖邹牟王[1] 的身世，接近行末的地方有五个字：

生囧有圣□

这里的“圣”下面也有缺字，但马上可以推测出一定是“德”字，因为这个句子也是有所本的，一看字面就能联想到。

那就是《史记·五帝本纪》中的句子，文中列举了中国遥远古代圣王的德行。在每个帝王开头的部分，常常都会使用套话。

（黄帝）生而神灵

（帝颛顼）高阳有圣德

（帝喾）高辛生而神灵

堪称中国始祖的黄帝、孙帝颛顼、曾孙帝喾，三人中有两人都使用了“生”这个字，读作“生而”或者“生来”。“生而”的“而”是助词，可以去掉。帝颛顼用了“圣”字，下面是“德”字，连起来就是“圣德”。这样看来，《广开土王碑》第一行最后部分的缺字就是“德”字，这是可能性最大的推测。

---

1 邹牟王：即朱蒙，生卒年不详。传说原为夫余国王子，后率众在今辽宁桓仁一带建立高句丽政权，被奉为开国始祖。

生而有圣德。

《广开土王碑》的颂德文是由高句丽的史臣撰写的，在叙述始祖的德行时，它们参考了熟悉的《史记·五帝本纪》，这几乎是可以肯定的。不过，他们不是完全照搬《史记》上的文字，而是加以取舍，写成乍看之下不易发觉的句子，这是文人所应有的顾虑。

那么百济的史臣也是一样，他们在记述朝廷之事时，也会存在同样的想法。因此，七支刀铭文中“奇生圣□”最后一个字读成“德”是最稳妥的，与上面的“生”一样，都是表示“生而”“与生俱来”的意思。再往上的“奇”应该读作“奇特”，自然也就能够理解了。

十分奇特，生来就怀有圣德。

这句话用来赞扬百济王世子的人品是恰当的。之所以称为“奇特”，古代的圣王，比如王朝的始祖邹牟王，理应是怀有圣德的，但相对而言百济王世子的社会性评价要低得多，所以他能够拥有圣德只能说是奇迹了。换言之，这可以看作是一种谦辞。

视觉的极限

对于这个不明确的文字，历来各家不是读作“音”就是读作“晋”，不是读作“晋”就是读作“音”，几乎就是二者选一。这是为了利用被视作金线残留的几个笔画，即上面的两横和下面一个接近四边形的刻痕。但是我们无法明确分辨，这些刻痕中哪些是原来就有的，哪些则是日后的损伤。如果基本有了头绪却完全视而不见，这是不恰当的。如果“德”这个字无论如何都无法填入，也可以考虑它的异体字“悳”和“惪”，几乎同样意思的“智”“资”“质”“贤”等字都可以作为第二选项。另一方面，七支刀铭文的字体是唐代基本定型之前的。在根据残留笔画复原本字时，如果追求像小野鹅堂[1]书写的范本般的字体，则反而会产生意想不到的错误。（最近横山贞裕[2]先生在来信中说，“德”字可以省略左偏旁而写作“㥁”。）

在解读铭文中，无论如何都必须先借助考古学者的眼睛，那是因为他们有着多年的经验。但如果是字形不清晰的情况下，过于主张依据实物也可能会令人为难。金石的铭文是文章，如果不能从整体上把握含义，对于每个文字的认读即便再有自信，也可能会在某个地方产生误解，这是值得反思的。

故为倭王旨造

关于这六个字，文字的比定几乎没有异议。能够走到这一步，福山敏男的功绩可谓巨大，特别是从中读出了“倭王”二字，使铭文研究取得了重大的飞跃。在这里同样可以这么说，“倭”的字形十分凌乱，如果追求范本的“倭”字，能够起作用的金线残留也好，刻痕也好，都只有一两条而已。换言之，它们虽然具备构成“倭”字的要素，但是很难主张其必然性。如果要论必然性的话，毋宁

1 小野鹅堂：1862—1922，名錭之助，号鹅堂，明治到大正时期著名书法家，现代书法的奠基人之一，其书法被称为“鹅堂流”，门下弟子众多。

2 横山贞裕：1907— ，日本历史学者，国士馆大学教授，专攻社会经济史、中日律令史。

说是从前后的关联来看这里必须是“倭”字，这种文章上的必然性起了很大的作用。

虽然每个文字的比定都没有疑问，但至于这六个字所组成的文章表达了怎样的含义，则众说纷纭。

最早出现的观点是将“旨”读作“圣旨”，解释为天子的意向，福山敏男将其改为倭王的旨意。榧本杜人和薮田嘉一郎的读法也都大同小异。

将“旨”解读为“旨意”，这是将上文中关于百济王世子的内容解读为“将生存倚靠在圣音（恩）上”的必然归结。但如此感激倭王的圣音而立志报效的话，“为倭王旨”的“为”字就很奇怪。这里毕竟还是应该按照中国式的说法，不写作“为”，而是写作“奉旨”之“奉”。因此，读作“作为倭王的旨意”或是“为了倭王”，只会越发难以说明。事实上，和文章上的考究比起来，我们更有必要知道，到了今天，将百济王世子置于倭王下风的大局观已经崩塌了。

因此，就像上文中将百济王世子后的“奇生圣音”视作固有名词一样，这里也出现了在“倭王旨”后停顿，把“旨”视作倭王名字的观点。西田长男将“奇生”视作百济王世子的名字，同时也试图把“旨”作为倭王的名字，但是要把“旨”比定为实际人物非常困难，所以他把“旨”改成了“赞”，也就是“讃”，这样就与倭五王中最早出现的倭王讃产生了关联。西田进一步认为，“讃”也可以训读为“誉”，和应神天皇的名字“誉田”是相通的。栗原朋信和三品彰英[1]都大体接受这一观点。

1 三品彰英：1902—1971，日本历史学者、神话学者，历任同志社大学教授、大阪市立博物馆馆长、佛教大学教授等，专攻日本古代史、朝鲜古代史、神话学。

但是如上文所说，这里违背了国际关系中回避实名的习惯，这是无法视而不见的错误。如果真的把刻有倭王实名的七支刀赠送给倭王，则不仅无法表达好意，还会激起倭王朝廷上下的不满。百济朝廷的史臣们不会预想不到这一点，更不可能容忍这样的文章。

“旨”是“尝（嘗）”的简化字

如上所说，“倭王”后面的“旨”既不能读作普通名词，也不能读作固定名词。这样看来，读作名词本身就是错误的。我们只能回到原点，重新探索新的道路。汉字是无法单个存在的，必须和附近的文字相结合而存在。附近除了上面的“倭王”外,就只剩下面的“造”字,连起来就是“旨造”，这样的短语在辞书和韵书中都是找不到的。但因此放弃的话还为时尚早，因为并不是除此以外就找不到解决的线索了。

解读一个字秘密的关键，不一定只隐藏在附近，也可能在出乎意外的远方。因为汉文文章中有一种可以称为首尾呼应、草蛇灰线的修辞手法。

重读七支刀背面的铭文，有“先世以来未有此刀”一句。虽说自古以来没有，但现在刀就在眼前，这是为什么呢？当然是有人制造了才会存在的。那么应该有最初尝试制造的人，他又是谁呢？下文中应该为这样的问题准备了充足的回答，不然就称不上首尾呼应的文章。更何况七支刀这样宝刀的铭文，不可能刻着问题只问到一半的文章。如果是这样，文章要怎么收尾呢？

想到这里，大体已经有了头绪。百济王世子才是造刀的人，而且应该说是最早造刀的人。因此,“旨造”的“旨”是形容“造”的副词,用作“最初”的意思。

那么,“旨”字怎样才能包含“最初”的含义呢?“旨”字的下半部分不是“日”而是“曰”,“曰”是张开的嘴的形状。字典中将“曰”解释为“甘”的另一个形态,我是不赞同的。上部的“匕”是勺子的形状,合起来就是用“匕”把美味送入口中的意思。因此,“旨”有了“美味”的意思,也可以解释为“尝试”。后来,人们给后者的含义加上了音符,就变成了“尝(嘗)”,解作“尝味”的意思。“尝”是指吃食物之前,先用舌头试一试味道,所以“尝”就是“试”的意思。民国初期的胡适倡导文学革命,提倡白话文学,亲自写作白话诗,他的书名就叫作《尝试集》。“尝”和“试”连用,是同义反复。

所谓的“旨造”,如果本来上面有“尚”字而后来脱落,则原来应该是“尝造”,就是“试着制造”的意思。也就是说,七支刀是百济王世子的试验品。不过这里既然是赠送品,还是应该解读为“首创品”。因此,我想把“尝造”解释为“初次制造”,即便一开始就是“旨”的字形,那也应该看作“尝”的略字,两者是相通的。

“故”字的用法

这一句中首先出现的“故”字,历来各家几乎都解释为“所以”,这和表示逻辑性结果的“于是”在语感上略有不同。查阅辞书的话,“故”字几乎都是用作无意义的助词,解说的时候或者是承上启下,或者同“则”,或者同“乃”。值得注意的是,在日本的古代,《古事记》中正好就有这样的用法。比如“允恭天皇”条记载:

是，穴穗御子兴军，围大前小前宿祢之家。尔，到其门时，大冰雨零。故，歌曰云云。

是、尔、故等都用作副词，读作“かれ”，用于表达时间上的承接。其中的“故”似乎是指达到了最后的阶段，最接近于“乃”字的用法。

传示后世

最后一句榧本杜人依据字面读作“传示后世”，这基本成为定说，我也认为这是可以的。

第二个字此前读作“不”，福山敏男支持这一说法，主张读作“不”而不能读作“示”。但“示”和“不”字形十分接近，在“不”的上面加一横就成了“示”字。所以，它们的差异十分微小。做好略微扣分的准备，我认为读作“示”更为妥当。

接下来第三个字的字形也不清晰，长期以来都是保留空格的。但既然上面的字读作“示”，后面自然也能解读了，意思上也是通畅的。如果把“示”读成“不”，下面就想不出合适的字可以填入了。如果一定要找的话，那只能是“没”字，读作“传不没世”。但这种情况与“没世”的用法和惯例在语感上略有差异，不免有些理解困难。

这里也许偏离了把确定字形作为第一要义的考古学目的，但我们从常识的立场出发，一个字不至于形成大的问题。这四个字整体而言是一个吉祥句，是希望收到七支刀的人能够郑重地保存，只要解释到这里就基本圆满了。一千数百年前百济王世子的愿望被忠实地履行了，尽管无法避免若干的损伤，但七支刀被视作国宝而妥善保存着，世子泉下有知也一定会心怀感激的。

最近，中国各地都兴起了大规模的遗址调查，出土物品繁多而精美，令人眼花缭乱。但这些都曾一度埋入土中，是从阎王手中重新收回的，传世品却意外地少。欧洲博物馆中的藏品，可以说也是一样的情况。而在日本，珍贵的宝物作为传世品完好保存下来的情况却非常多。正仓院[1]可以说是其中之最，但七支刀比它更加古老。它是日本历史本身的象征，堪称珍宝。

全文的解读　下面，我们对七支刀铭文的全文进行重新解读。

（正面）

泰始四年五月十六日丙午正阳 造百练钢七支刀 目辟百兵 宜供供侯王

永年大吉祥

泰始四年（468）夏季中间的五月，夏天中堪称盛夏的十六日，在火德最旺的丙午日的正午时刻，用百次锻炼的钢制造七支刀。用它能够避免所有兵器的伤害。祝愿恭敬有德的侯王荣耀、长寿、大吉大福。

（背面）

先世以来未有此刀 百滋王世子奇生圣德 故为倭王旨造 传示后世

自前代以来未曾有如此之刀（七支刀）。百济世子奇特且生来就有圣德，

1 正仓院：位于奈良县奈良市东大寺大佛殿西北，天平胜宝八年（756）光明皇太后始建。院中收藏着以天平时代（8世纪前中期）为主的大量工艺美术品，除日本制品外，还包括众多来自中国、西域、波斯的输入品。具有极高的历史价值，1998年被列入世界遗产名录。

于是为倭王首次打造，祝愿流传给后世。

世子和国王

讲到这里，铭文的解读告一段落，但还留下一个值得思考的问题。那就是在对等的两国国交中，国王和国王必须是当事人，这既是原则，也是礼仪。在七支刀的情况中，百济王世子意图将试验品的七支刀赠送给倭王，这显然是特殊情况，但在历来的研究中却从来未见提及。如果把百济王世子解释为百济王和世子两个人则另当别论，但即便如此，为什么世子必须在这里出现，也是应该阐明的问题。更何况从文章上很难将其视作是两个人，加上我将下文读作“圣德”，两人的观点越来越难以成立。

能够解决这个问题的，依然是《三国史记》的记载。如前所述，当时的世子文周王[1]辅佐盖卤王[2]，官至上佐平。在百济，上佐平比最高等的一品官“五人佐平”地位更高，它设立于腆支王三年（407）。《三国史记·百济本纪》的同年条记载，拜庶弟、内臣佐平余信

为上佐平，委以军国政事。上佐平之职始于此，若今之冢宰。

---

1 文周王：？—477，百济第22代国王，盖卤王之子，曾任上佐平辅佐盖卤王。475年，高句丽长寿王攻打当时的百济都城汉城，文周王奉命前往新罗借兵，但回国时汉城已陷落，即位后迁都熊津。

2 盖卤王：？—475，百济第21代国王，毗有王之子，讳庆司，《宋书》中称为“余庆”。在位期间与刘宋、北魏、倭国通好，475年长寿王进攻汉城时被杀。

上佐平类似于高丽王朝的冢宰，即总理大臣的职务，被委以军国政事。想来，日后成为文周王的世子在盖卤王十四年被任命为上佐平，之后与日本的国交也是由他代替国王展开的。作为上任通知，赠送七支刀起到了递名片的效果。如果是这样，铭文中“奇生圣德”的语句生动地传达了当时的局势。以这样的外交作为目的的文书，每一个字都包含着微妙的深意，查明这些深意就是文献学的任务。

汉文的特色

写到这里，我对七支刀铭文的解读已经深入到了每一个细节。我追随着明治初年以来先贤们的脚步，试着对铭文加以考察，最终将全部铭文一字不剩地填入了文字。在这一点上我是第一人，为此我借助了历来几乎所有实物检验者的目光。特别是作为最初证人的菅政友，我优先尊重他的证言。他或许必须为铭文的损伤负责，但他不是被国学者的感情左右而忘记学问正道的人，我高度评价他作为科学家的冷静的研究态度。

但是，我反对将纪实性观察视为至上、完全依赖视觉的研究方法。我认为只有运用文献学方法进行补充，才能形成整体性的研究。我相信，所有的研究方法都有无法避免的极限，明知有极限却要挑战极限，反而会使成果减少。

运用文献学方法时，以汉文作为对象能够获得一些独特的便利。因为在使用汉字时，习惯起到了很大的作用。人们常说，汉文没有语法。确实，汉文没有如印欧语系般滴水不漏的缜密语法，但这并不意味着只要排列汉字就能形成文章。反过来说，在解释的时候，用尽气力强行解读的方法是不会成功的。每一个汉字，彼此之间都有引力而相互吸引，这种引力是因文字而异的。所以，最合得来的文字自然聚到一起，形成一个句子。有时明白了一个字就明白了整个句子，明白了一个句子，前后的句子大体也可以推测出来。这就是汉文的一大特性。

汉文的另一个特性就是尊重意思的畅达。相反，艰涩的语句是最令人厌恶的。因此，即便若无其事的汉文文章，仔细读来也会存在首尾呼应的逻辑，始和终鲜明地联系在一起，中间包含着多样的话题，然后完美地收尾。七支刀背面的铭文就是很好的例子。

“先世以来未有此刀”，首先从无说起。从无生有的是百济王世子，他就是最早制造七支刀的人。那么他为什么而制造呢？他是为倭王制造的。虽说是为倭王制造，他为什么能有这样的能力呢？因为他有圣德。他为什么有圣德呢？那是与生俱来的。为什么能够与生俱来呢？这是一个奇迹，没有人知道其中的缘由。讲到这里，故事就完美结束了，没有人能够提出更多的问题来。这真是一个完整的逻辑体系，而且是一篇不能增减一个字的优秀文章。阅读这样的文章时，只要依据其逻辑脉络做出合乎情理的解读，就不会出现错误。

第三章

七支刀铭文的影响

一　稻荷山铁刀

惊人的发现

上述的七支刀是珍贵的传世品，但现在我们所能目睹、可以作为历史参考的古文物，仍然以出土品居多。然而，出土品常常不可避免地伴随严重的损伤，其出土情况和后期保管也往往不甚明了，这一点十分遗憾。不过，最近面世的稻荷山古坟出土的铁刀却不一样。它的发掘、调查、保存和管理，都由这一领域的专家进行，所以局外人也能够详细知晓其间的经纬。这既进一步提升了铁刀的学术性价值，同时也可以说是对考古学的认识推广到了一般民众中的结果。

埼玉县的行田市有此前被称作古坟群的大小六十余座古坟，相传是6世纪时武藏国造[1]笠原直使主一族的坟墓。其中的稻荷山古坟是高九米、宽五十五米、长五十三米的前方后圆（后方？）坟，山顶供奉着稻荷神社。

1 国造：古代日本行政机构中治理地方的官职，掌握军事权和裁判权，是一个地区的统治者。大化改新（646年）后，国造逐渐成为主持祭祀的世袭名誉职位。

昭和四十三年（1968）8月，大正大学文学部教授斋藤忠[1]指导了古坟的发掘，从坟顶出土了约250件器物。负责保管的县教育委员会唯恐文物腐蚀不断加剧，于昭和五十三年（1978）5月转送到了奈良市的元兴寺文化遗产研究所，委托进行停止锈化的处理。

元兴寺研究所的大崎敏子对其中一把铁刀进行丙烯树脂处理时，发现木制的刀鞘脱落后，下面隐隐闪烁着黄金的线条。她立刻与附近的学者和研究者取得联系，通过照射X光确认，铁锈之下隐藏着大量文字，于是开始了锉磨铭文的工作。协助铁刀保存方案的有坪井清足[2]、岸俊男[3]、狩野久[4]、田中稔[5]等人，但自始至终从事实际工作的是西山要一[6]。

铭文复原调查

工作的要领是用丙烯树脂做暂时固定，使铁刀进入休眠状态，然后在牙科医生使用的砂轮尖端安装圆

1 斋藤忠：1908—2013，日本考古学者，历任文化遗产保护委员会主任调查官、东京大学教授、大正大学教授、静冈县埋藏文化遗产调查研究所所长。

2 坪井清足：1921—2016，日本考古学者，历任奈良国立文化遗产研究所所长、元兴寺文化遗产研究所所长，1999年被表彰为“文化功劳者”。

3 岸俊男：1920—1987，日本历史学者，京都大学名誉教授、奈良县立橿原考古学研究所所长。专攻古代史，以调查古代宫城、金石文、木简，以及稻荷山铁剑铭文的研究而知名。

4 狩野久：1933— ，日本历史学者，冈山大学教授，专攻日本古代史、木简学，古代都城史。

5 田中稔：1928—1991，日本历史学者，专攻中世史，特别是法制史和古文书学，曾参与平城京的发掘调查工作。

6 西山要一：1949— ，日本文化遗产保存学者，奈良大学名誉教授。2004年起作为奈良大学队代表，赶赴黎巴嫩提尔遗址从事保护修复工作。

盘形砥石，通过转动砥石来使铁锈脱落。等靠近 X 光所确认的金线文字的位置时，再用美工刀、竹签、针等工具搜寻金线的踪迹。

从调查中得知，最初在刀身上镶嵌铭文时，首先用墨书写文字的笔画，再用錾子沿着笔画朝前方划出深约 0.7 厘米的 V 字形刻沟，在其中打入金线。最后为了使表面光滑又进行了锉磨，锉磨的痕迹至今清晰可见。

铁刀分离成刀身、正面、反面三层，工作首先从保存状态最好的反面中部开始，其次是正面，然后回到反面，历时一年零五个月才宣告完成。靠近刀尖的部分和中间的两个地方已完全从刀身上剥落，所以分成了四个部分。此外，剥落的细片中也有包含金线的部分，将它们收集并归回原位后，一百一十五个一厘米见方的文字得以重新排成了原状。这是日本现存字数最多的一段古代铭文，远超过七支刀的六十一字和江田船山古坟出土大刀的七十五字。在日本古代资料中，这一发现有着与高松冢古坟壁画相比也毫不逊色的珍贵价值。

铭文的解读工作

铭文的解读是由岸、狩野、田中的团队进行的，他们从中发现了“獲加多支鹵大王”的文字，可以比定为ワカタケル大王，也就是雄略天皇。昭和五十三年（1978）9 月 19 日，埼玉县教委发表了这一结果和到当时为止的经纬，全国各种报纸纷纷登载相关报道，给学界和一般大众带来了巨大的冲击。

将“獲加多支鹵大王”比定为雄略天皇，虽然研究者之间也不乏对此观点的批判和反对之声，但经过后来的多次探讨，加上新事实的发现，最终岸俊男团队的解读得到了证实。《日本书纪》自不待言，中国史书《宋书》

中也有“倭王武”的名字。被记载为一代雄主的雄略天皇，以这样的方式带着鲜明的现实感再度面世，这着实令人震惊。

确定了稻荷山铁刀是雄略天皇时代的物品，重要的问题也就迎刃而解。但是关于铭文的解读，还留下了一些细节上的疑问。因此，我首先介绍目前最通行的读法，然后叙述比较有力的异议以及我个人的见解。

（原文）辛亥年七月中记乎獲居臣上祖名意富比垝其儿多加利足尼其儿名弖巳加利獲居其儿名多加披次獲居其儿名多沙鬼獲居其儿名半弖比（以上正面）

其儿名加差披余其儿名乎獲居臣世々为杖刀人首奉事来至今獲加多支鹵大王寺在斯鬼宫时吾左治天下令作此百练利刀记吾奉事根原也（以上反面）

（解读）记于辛亥年七月中。乎獲居臣的上祖的名字是意富比垝，他的儿子名字是多加利足尼，他的儿子名字是弖巳加利獲居，他的儿子名字是多加披次獲居，他的儿子名字是多沙鬼獲居，他的儿子名字是半弖比。（以上正面）

他的儿子名字是加差披余，他的儿子名字是乎獲居臣。世世代代担任杖刀人之首，奉事一直到今日。獲加多支鹵大王的寺院在斯鬼宫时，我辅佐治理天下，下令制造百练的利刀，记载我奉事的根源。（以上反面）

辛亥年是雄略天皇十五年（471），南朝宋明帝泰始十七年，相当制造七支刀的三年以后。在北魏，这一年中献文帝传位于其子孝文帝而成为太上皇。如果依据某学说推迟一个甲子，则是继体天皇[1]二十五年（531）。当年二月继体天皇驾崩，安闲天皇[2]继位，所以七月份已经是安闲天皇时期了。

“记”字的读法　　七月中记乎獲居臣上祖名意富比垝

开头部分一般句读到“七月中记”。“某月中”的表达也见于江田船山古坟出土的大刀铭文中，特别是常见于三韩的金石文中。如果再向前追溯，如小川环树[3]所指出的，中国北魏贾思勰的《齐民要术》中也有这样的用法，这是纯粹的汉文用法。不过也有观点认为，北魏王朝是北方少数民族的拓跋氏建立的国家，他们的语言受到了蒙古语系语法的影响。至于能否推及这是北方骑马民族南下，蒙古语法影响到了日本，我持保留态度。

我个人认为，其他的读法也是可能的。那就是在文章的“七月中”后句断，把“记”视作氏族名，和下文连读为“记之乎獲居臣”[4]。理由

---

1 继体天皇：450（？）—531（？），日本第26代天皇，讳男大迹王（をほどのおおきみ）。其前代武烈天皇无嗣驾崩，继体天皇以应神天皇五世孙名义即位。

2 安闲天皇：466（？）—536，日本第27代天皇，继体天皇之子，讳勾大兄皇子（まがりのおおえのみこ）。

3 小川环树：1910—1993，日本的中国文学学者，京都大学教授，代表作《风与云——中国文学论集》《中国小说史研究》等。

4 日本古人的名字一般由氏和名两部分组成，两者间用の连接，但の通常不写出来。此处为了便于理解，将の译为“之”置于氏和名之间，下同。

有两点：

其一，如果读作“记录”，后文收尾的部分也有“记……也”，语言上是重复的。如果这篇文章以纯粹的汉文语法写作，同一文字的重复是极为拙劣的，所以最初的“记”字还是解释为其他意思为好。上等的汉文中，不存在一个多余的字。

其二，铭文的文章整体可能是仿照史书列传的体例书写的。中国史书列传的写法到六朝时期大致已经成型，朝鲜半岛诸国也争相模仿。

写作列传时，首先列出本人的姓和名。姓只出现一次，后面通常不会再次出现。毕竟汉文忌讳无意义的重复，写文章也是尽可能的简短。

出于这样的见解，我们现在从《三国史记》的《列传》中选择长度适当的一篇作为例子。《三国史记》是后世编纂的，但无疑是依据了十分古老的史料，并且史书的写法一旦固定就很难改变了。

> 金阳，字魏昕，太宗大王九世孙也。曾祖周元伊飡，祖宗基苏判，考贞茹波珍飡，皆以世家为将相。阳生而英杰。（卷四十四）

这是新罗武将的传记，首先出现本人的姓名，姓金名阳。这里的姓金只出现了一次，此后不再出现。出现金阳这一姓名后，开始追溯他的祖先是太宗[1]的九世孙，出现实名的有曾祖周元、祖父宗基、父亲贞茹，分别

1 太宗：这里指武烈王金春秋，602（？）—661，新罗第19代国王，庙号太宗。

记述官位，但不再重复姓氏。父亲之后回到本人，再次出现阳的名字，此后的记述就以阳为中心。

这篇文字与稻荷山铁刀的铭文相比，在写作手法上极为相似。铁刀铭文也是最先出现本人的名字，追溯到上祖后一代代往下，最后是父亲的名字,再出现本人的名字。因此,最初的本人名字“乎獲居臣”上面的“记”，就相当于《三国史记》列传中金阳的“金”。考虑到汉文的性质，我主张将其读作氏族名的“记”。

氏族名的起源

但是问题在于，表示日本古代人物家系的氏族名是否在雄略天皇年间就已经推广。查阅《日本书纪》，雄略朝已经将纪之小弓宿祢、纪之大磐宿祢父子的行动大书特书了。如果稻荷山铁刀铭文的“记”是氏族名，可能就与纪氏有关，因为“记”和“纪”完全是同音同义可以相通的。纪氏的“纪”原本是“木之国”，命名源于其出身是后来的纪伊国。当然，最初只是传达了读音，对应什么样的文字还没有固定下来。因此，纪氏的氏族名标记为“记”也不是毫无可能的。当然,《日本书纪》是后世编写的，所以无法保证小弓宿祢是否从那时开始就写作“纪氏”。

纪之国不仅是在畿内，也存在于东国。《常陆风土记》的“筑波郡”条记载

> 古老曰：筑波之县，古谓纪国。美万贵天皇之世，遣采女臣支属、筑箪之命，于纪国之国造。

一般认为，美万贵天皇就是崇神天皇[1]，他的皇后御间城姬是大彦命的女儿，后来成为垂仁天皇[2]的母亲。如果崇神天皇年间派遣的纪国国造的本家采女臣就是大彦命的话，那就非常有趣了。如果他的子孙世袭这一地位，恐怕就是以纪氏自称。筑波到埼玉的距离不远，一族迁往埼玉也不是无法想象的。

当然，这一切只是假设，不超出想象的范畴，但这样的想法绝不是没有用处的。毕竟古代的资料十分稀少，考虑到的所有可能性都或许会成为联系着将来某个重大发现的契机。因此，即便留有一些不安，我还是想为新的发现开辟一条道路。最糟糕的情况就是，虽然有意见，却因为某种理由而保持沉默。

铭文研究的态度

我当然知道，在“七月中记云云”的“记”后断句，解释为“记录”是完全可能的。有人会说，我所提出的把“记”作为氏族名的方案，从一开始就注定是错误。其实，这样的态度才是错误的。毕竟在现今阶段，任何一种方案都是无法确定的。即便在别处发现了“某月中记”这样的文例，也无法证明这里同样必须读到“记”字之后停顿。比起写作“某月中记”的例子，“某月中”后不带“记”字的例子要多得多。

1 崇神天皇：生卒年不详，传说中日本第 10 代天皇，又称御肇国天皇。
2 垂仁天皇：生卒年不详，传说中日本第 11 代天皇，崇神天皇之子。

同样，即便在当时的铭文或其他中发现存在“记”这一姓氏，也无法就此证明我的解读一定正确。现阶段资料依然不足，处在任何一种读法都无法断定正确还是错误的状态中。所有一切都停留于哪一种方案更好，这样的情况下出现意见分歧也是无可奈何的。[《文艺春秋》昭和五十八年（1983）3月，松本清张[1]《船山、稻荷山刀为百济制作说的怀疑——一个假说》]

学者不是棒球教练，一旦把胜败观念带入学问的世界，就会成为模糊理性的根源。一想到胜负，自然就会产生党同伐异的风气。如果以派系的一致作为研究的出发点，那就意味着自己放弃了学问的自由。

研究归根到底应该以个人为主体，一边享受，一边从事。有时只要是自己的信念，甚至必须对老师的学说提出异议。学说必须不停地进步，为了进步就必须一边修正原有的轨道一边前进，这可以说是当然的现象，没什么值得奇怪的。如果不惜一切地墨守于师长的学说，这只能成为学术进步的阻碍，最终一事无成。

如今，日本的学问不再是只通用于狭小日本的封闭性学问，而是成为世界共享的开放性学问。因此，无论多么尊贵的传统学问，如果无法与世界交流，结果也只能身败名裂。传统必须不断更新才可能发展，正因为发展，才开拓了永无止境的道路。

---

1 松本清张：1909—1992，日本小说家，1953年获芥川奖，此后专注于短篇历史小说和现代小说的写作，在社会上引发了社会派推理小说热。对日本古代史也有关注，代表作有《古代史疑》等。

意富比垝

上祖的名字是意富比垝。意富比垝读作“オホヒコ”，比定为孝元天皇[1]的皇子、四道将军之一的大彦命。但是大彦命是传说中的人物，和这里的オホヒコ未必是同一人。因此，乎獲居臣的上祖究竟是真实的大彦命，还是只是假托，一切都是不确定的。

就我个人的立场而言，记纪[2]中出现的皇室家族的人名几乎都称为“命”，我认为这是后世的追记。如果谱系的真假姑且不论，意富比垝就是指大彦命的话，那就成了佐证我假说的例证。大彦命不是最初就称为“命”的，而只是“大彦”。“彦”本是男子的美称，后面再加上“命”就重复了。

实际上，这样的重复是有意义的。古代的命名几乎没有后世所谓的固有名词的部分，全部都是普通名词。在家庭内部的称呼中，父、母、兄、弟、姐、妹这样的普通名词就足够区别了。兄弟姐妹数量多的时候，就用大、小来区分。当进入社会，与不同家庭出身的人交往时，一般会加上社会地位来相互称呼。大彦的“大”和“彦”都是普通名词，“彦”是男子的美称，所以是君长级别的人物。“大”和“彦”组合起来作为名字的并不多，仅此就能起到固有名词的作用。

但是，伴随社会生活的扩大，许多不同家庭间的交往变得不可避免，就会产生多个人都是大彦，彼此间无法区分的情况。这种情况会加入家族

---

1 孝元天皇：生卒年不详，传说中日本第 8 代天皇。大彦命是孝元天皇的长子，曾被任命为四道将军之一，派往北陆地区。

2 记纪：指《古事记》和《日本书纪》。

名称，称呼为“某家的大彦”，这样就不会和其他的大彦相混淆了。这里的家族名称也就是氏族名的“氏”了。

此外，如果他是功绩流传后世的有名的大彦，则特别尊称为“命”。称呼为“大彦命”的话，就能和其他普通的大彦区分开来了。四道将军之一的大彦命也是一样，当时恐怕只被称呼为“大彦”。

稻荷山铁刀的主人乎獲居臣，如果分析他的名字，“乎”是“小”，“獲居”也写作“别”，是一类姓，“臣”也是一类姓，所以其中没有固有名词的部分。但是这三部分连在一起的话，拥有同样资格的恐怕没有其他人，于是就起到了固有名词的作用。

“加差披余”的读法　　其儿名加差披余其儿名乎獲居臣

这句话一直以来读作：

> 他的儿子名是加差披余，他的儿子名字是乎獲居臣。

“加差披余”四个字连起来作为人名，也就是乎獲居臣的父亲的名字来解读。但我主张把“余”字分离出来，连在下文中读：

> 他的儿子名字是加差披，余是他的儿子，名字是乎獲居臣。

理由之一是，“加差披余”也就是カサヒヨ的读音怎么都不像日语。

或者读作“カサハヨ”也是一样，就如国语学者大野晋[1]已经指出的那样：

> ハヨ这样读音的结合，作为古日语是不自然的。[《读卖新闻》昭和五十三年（1978）9月13日《剑铭所讲述的日本史》]

因此大野氏将其读作“カサハヤ”，把“余”读作“ヤ”的根据在于：

> 余从上古音到中古音的变化，推定为 diag—yiau—yio—yö，这一过程中对音 ya 也不是不可能的。

他还指出，这里的“ヤ”可以和“ラ”交替使用，就如同加罗国和加耶国有着相同的起源，所以“カサハヤ”和“カサハラ”可以视为相同。然后进一步得出，“カサハラ”就是《日本书纪·安闲纪》元年中出现的笠原直使主。由此，制刀年份的辛亥年就不是471年，而应该是一个甲子之后的531年。

我对于日本古代音韵的变化缺乏知识，所以无法理解大野给出的图式中ヨ变成ヤ、ヤ又变成ラ的原理，在此只是介绍这种学说。不过我想知道的是，不仅理论层面，实践中是否也存在其他将“余”字读成“ラ”的例子呢？相比理论，实例的说服力要强得多，就连外行人都能够理解。

---

1 大野晋：1919—2008，日本国语学家，学习院大学名誉教授。在古日语的音韵、表记、词汇、语法、起源等多个领域都有突出贡献，特别是以编纂《岩波古语辞典》以及将日语起源追溯到泰米尔语而知名。

“余”字的处理方法

我把“余”字从固有名词中分离，将它作为第一人称解读的第二个理由在于，这样一来下文的连接就变得通畅了。如果不是这样而仅仅罗列人名的话，下文的主语、主人公就不明确了。从汉文的行文方法来说，这里必须有一个重音，使下文起主要作用的人物产生鲜明的印象。这样的修辞手法在日本古代也有，见于《古事记》中“御真木入日子印惠命（崇神天皇）”条中。天皇寻访名为意富多多泥古的人物，在河内国见到了他，被问起出身时，意富多多泥古回答道：

仆（意富多多泥古）者，大物主大神娶陶津耳命之女活玉依毗卖，其子栉御方命，其子饭肩巢见命，其子建瓮槌命，仆其子意富多多泥古也。

如果把上文中第一个“仆”替换成他的名字意富多多泥古，则与稻荷山铁刀铭文的前半部分何其相似！可见在叙述完冗长的谱系后，自己将要出场时用余、仆这样的第一人称收尾，这种修辞法在古代日本也有。

“余”这个字既可以读作“ヨ”来表音，也可以训读作“ワレ”来转写日语语音，比如神武天皇的名字就写作“磐余彦（イワレヒコ）”。可以说，这就证明了“余”习惯于作为第一人称而读作“ワレ”。既然余，也就是乎獲居臣作为主语登场了，下文就必须都是以这个人为中心进行的活动。

世々为杖刀人首奉事来至今獲加多支鹵大王寺在斯鬼宫时

“至今”的读法

历来，几乎所有的研究者都将前半句断到“世々为杖刀人首奉事来至今”。文中杖刀的“杖”同“仗”，都是持有的意思。江户时代的大名等也有小姓手持大刀立于一旁的，也就是有贴身的护卫者。“奉事”同“奉仕”，这里没有问题。问题在于，在“至今”后断句的话，接着的“獲加多支鹵大王”必然要成为下文的主语，这样真的可以吗？按照我的读法，这里文中的主语应该是乎獲居臣，即便对方贵为大王，也不能无端把主人公的地位相让吧。

如果大王是主语，下面的句子就成了附属于大王的寺院，这里的寺院只能解释为政厅了。在古代,“宫”应该就是政厅,没有必要特意列举出“政厅”和“宫殿”两者。

于是就有了把“寺”解读为“侍”，读作“侍在斯鬼宫时”的观点，到此为止我是赞成的。问题是谁在侍奉呢？不用说，当然应该是作为杖刀人之首的乎獲居臣，但是文章却变成了：

侍獲加多支鹵大王，在斯鬼宫时。

于是就无法解读了，这是对汉文章法的破坏。为了挽救这一矛盾，只能跟从我的读法，把句子断为：

（余）世々为杖刀人首，奉事来至今獲加多支卤大王，侍在斯鬼宫时。

在中国，常常将天子单称为“上”。这里如果将“獲加多支卤大王”的地方替换成“上”,那就成了“今上”。日语中的“今上”念作“キンジョウ”或者“コンジョウ”，指当代的天子，这样的表达在中文和日语间可能是相通的。特别是《史记·太史公自序》就有“至明天子”云云 的句子。

此外，“獲加多支卤大王”的大王是尊称。不知为何，在日本往往把大王视作正式的称号，但据我之前的考证，这并不是事实。[拙稿《关于天皇称号的由来》,《思想》昭和五十三年（1978）2 月] 既然大王已经是尊称，那么此处就不仅仅是“今上”，而应该译作“今上陛下”才更加妥当。

獲加多支卤大王

识读出“獲加多支卤大王”的文字，并将之比定为雄略天皇，这是岸俊男团队的一大功绩。当然，这一结果发表之后就出现了各种反对的声音。

首先在文字识读方面，就有第一个字不能读作“獲”的意见。其理由是，铭文的右上角“隹”的部分缺少了一条竖线，只能看到几条并列的横线，所以这个字不能识读为“獲”。但是关于这一点，四天王寺女子大学的教授藤泽一夫[1]立刻做出了辩护，参照宫内本《日本书纪·雄略记》、

---

1 藤泽一夫：1912—2003，日本考古学者，四天王寺国际佛教大学教授，师从梅原末治，从事大阪四天王寺和奈良飞鸟寺的发掘工作，奠定了古代瓦当编年的基础。

法隆寺铜版造像记、中国龙门石窟刻铭等，其中“隹”字的部分都缺少中间的竖线，而只有几条横线。通过这些实例可以证明，铁刀铭文的文字确实读作“獲”。

岸俊男团队从稻荷山铁刀中读出“獲加多支鹵”的文字并比定为雄略天皇，同时还带来了一个副产品，那就是与之酷似的江田船山大刀铭文中的七个字，同样可以读作“獲加多支鹵大王”。江田船山大刀的铭文此前经福山敏男之手，将这几个文字认作“獲宫瑞齿别”，读作“タジヒノミヤノミズハワケ”，比定为反正天皇[1]，这几乎已成为了定说。船山大刀的这部分铭文剥落更为严重，无法做出决定性的判断，但相比之下岸俊男团队的新说似乎更有说服力。然而，新闻报道立刻采取了这一学说，并将反正天皇说定性为误读，这就过于显摆了。平心而论，我认为岸氏团队之所以能够识别出“獲加多支鹵”的文字，也是以福山说作为基础的，福山说在当时仍称得上最妥当的读法。也许今后这里还会出现更多可能的读法。

---

1 反正天皇：生卒年不详，传说中日本第 18 代天皇，仁德天皇之子，讳多迟比瑞齿别尊（たじひのみずはわけのみこと），可能就是《宋书》《梁书》记载倭五王中的“珍”。

继体天皇说

第二种反对意见认为，铁刀铭文中的大王和大和朝廷无关，只是记录了东国豪族的内部情况。水野祐[1]就是其中之一，他曾以“大王不是雄略天皇”为题发表过观点。[《京都新闻》昭和五十三年（1978）10月1日]文中提到，尽管“獲加多支鹵”的文字识别是一致的，但其读法不是固有名词的“ワカタケル”，而仅仅是称号“アガタシル”，是从大和君长统治一县的意思上被称为大王的。另一方面，铁刀主人的名字也不是“オワケノオミ”，而应该是“オノアタイオミ”，这样读的话就可能和《日本书纪》中出现的“カサハラノアタイオミ”[2]是同一个人了。当然，冠以“カサハラ”这样的地名必定是后世的追记。

根据《日本书纪》，所谓的笠原直使主因苦于一族内乱而臣服于大和朝廷，在大和朝廷支援下，他成功击败对手小杵后建立起政权。笠原向大和朝廷献上四郡，之后被任命为武藏国造。由于平定武藏的时间是安闲天皇元年（534），所以铁刀铭文的辛亥年必定是相距不远的年份，也就是继体天皇二十五年（531）。而铁刀铭文所记录的，就是当时乎獲居臣向大和朝廷献款之事。依据这一学说，“獲加多支鹵”就不是雄略天皇，而是其五代之后的继体天皇。

---

1 水野祐：1918—2000，日本历史学者，早稻田大学名誉教授。提出“王朝交替论”，主张日本古代王权经历了崇神、仁德、继体三个王朝的交替，对古代史研究影响深远。此外，在邪马台国所在地的争论中持九州说。

2 カサハラノアタイオミ：即“笠原直使主”的日文读法。

笠原直使主

还有一种与此相似的意见，就是前文提到的大野晋的学说。如前所说，大野说将铁刀的主人乎獲居臣之父加差披余，与笠原直使主视为同一人，因此其年代就是在6世纪。6世纪时，笠原直使主在大和朝廷的援助下打败了同族对手小杵，随后被任命为武藏国造。为了感谢朝廷的恩典，他下令打造这把铁刀并进献给朝廷，铭文中记录了自己从先祖以来与朝廷的深厚关系，特别是在獲加多支卤大王时曾"佐治天下"。不过，本应献给朝廷的铁刀为何停留于东国而被埋葬在坟墓中呢？其中的理由还不够充分。

我始终无法理解，铁刀铭文中哪里包含了为献给朝廷而打造的语句。同样无法理解的，还有铁刀、雄略天皇和笠原直使主的年代前后关系。如果加差披余就是笠原直使主，这反而说明了他必须是与雄略天皇几乎同时代的人。既然承认了獲加多支卤大王就是雄略天皇，那么这把刀的制作自然也应该是同一时代了。

但是专家们的思维和我们不太相同。井上光贞[1]对大野说展开了批判，认为它混淆了氏族名和个人名。也就是说，铁剑铭中出现的加差披余无疑是个人名，但若是读作笠原直使主的"笠原"，那就成了氏族名。[《读卖新闻》昭和五十三（1978）10月4日《关于稻荷山古坟出土的铁剑铭文》]对此，大野晋进行了反驳。这一时代的东国是否已经形成了后世那样区别

1 井上光贞：1917—1983，日本历史学家，东京大学名誉教授，国立历史民俗博物馆第一代馆长。师从坂本太郎，专攻日本上古史。在研究和注释古籍的同时，曾多次参与编纂教科书和概说书，以中央公论社版《日本的历史》最为著名。

氏族名和个人名的制度，这是十分可疑的。再者，铁刀铭文中作为个人名出现的多加披次（タカハシ）、多沙鬼（タサキ）依后世来看都是氏族名，但此处都是用作个人的名字，这也没什么不可思议的。(《读卖新闻》同年10月17日《再论稻荷山古坟的铭文》)

我也曾在上文中提议，铭文开头的“记”字可以读作氏族名，但是我对于日本古代氏族名的形成可以追溯到多远并没有确信。因此，大野说将铭文中罗列的名字解释为后世的氏族名，这一倾向是否妥当，我对此不做评论。但至少到了《日本书纪·雄略纪》时代附近，氏族名明显出现了。我希望日本关于氏名起源的研究能够尽快出成果。

斯鬼宫

铭文中出现的“斯鬼宫”一词也被一部分人视作问题。如果獲加多支卤就是雄略天皇，雄略天皇的宫殿在《古事记》中称为长谷朝仓宫，《日本书纪》中称为泊濑朝仓宫，并没有写作“斯鬼”或者“矶城”[1]的。要说“斯鬼”的话，不如重视《日本书纪》中钦明天皇迁都倭国矶城郡矶城岛，宫殿号矶城岛金刺宫的记载，《古事记》中则写作“师木岛宫”，铭文中的大王解释为钦明天皇更为合适。根据《上宫圣德法皇帝说》的纪年，钦明天皇的治世始于辛亥年（531），与铭文的记载正好合拍。但是反对观点提出，大王的名字与钦明天皇的“アメクニオシハラキヒロニハ”[2]并不一致。

---

1 “斯鬼”和“矶城”在日语中都读作“しき”，因此可以互通。

2《日本书纪》中写作“天国排开广庭”，《古事记》中写作“天国押波流岐广庭”，是钦明天皇的和风谥号。

平心阅读铭文，“斯鬼宫”一词的出现完全不构成任何问题。雄略天皇在位长达二十三年，正是他伸张皇威的时代，所以即便他的都城在长谷（泊濑），也有可能会有一段时间是在别宫中度过。如果这里别宫就是斯鬼宫，那也没什么可奇怪的，铭文中并没有说这个斯鬼宫就是他常住的都城。因此，我认为这种议论的存在本身就是奇怪的，甚至觉得国史真是一门奇妙的学问。

左治天下　　吾左治天下令作此百练利刀记吾奉事根原也

历来所有的研究者都将第一个文字读作“吾”，解读为：

> 吾左治天下，下令制作这把百练的利刀，记录我奉事的根源。

我对此是十分不满的。

首先从行文上看，开头出现“吾”，结尾又是“吾”，短短的文字中就重复了两次，这在修辞上是很拙劣的。

再者从意思上看，“左治天下”和后文的连贯很不清楚。照这样解读的话，至多只能读作：

> 吾左治天下，于是下令制作这把百练的利刀，记录我奉事的根源。

这把长刀铭文的出现是作为“左治天下”的结果，但这只是时间上的承接，至于制作刀和铭文的理由则丝毫没有说明，这样真的可以吗？既然好不容易书写了铭文，难道不应该把制作刀的目的写得更明确一些吗？

此外，“左治天下”和上文的“杖刀人首”又有什么关系呢？如果按照这样的读法，仿佛是侍奉在斯鬼宫时，才重新获得了“左治天下”这一特殊的任务。那么“左治天下”究竟是指什么呢？这无论如何无法看作是一个官职。但是既然有了新的重大的任命，这时难道不应该如实地写上诸如大臣、大将军，或者与之相当的职位名称吗？只有这样，才能把这份荣誉传递给后世不是吗？

解读铭文的时候，自然会像上文那样产生一个接一个的疑问。无论读多少遍铭文，这些问题都无法得到解答。那就只能得出结论，这篇铭文是一篇十分拙劣的文章。但是，当时的文人会写出如此拙劣的文章吗？这是难以想象的。当时的学问类似于一种行会，是在父子、师徒之间传承的。如果要书写铁刀铭文这样流传后世的文章，必定是由最熟练的掌门级人物亲自操刀。那么为何会产生这样的矛盾呢？我认为这不是文章拙劣，而是解读的方法太糟糕了。

“吾”字还是“为”字

昭和五十三年(1978)9月20日,《读卖新闻》上一篇题为《雄略天皇统一日本了吗》的匿名报道最早介绍了稻荷山铁刀铭文的发现。其中有两处标注“依据狩野久、岸俊男等人的解读”，可能是将谈话内容以括注的形式进行了引用。

“吾左治天下令作此百练利刀”，读作“我为了辅佐治理天下，下令制造这把百炼刀。”

解释为“雄略天皇在位期间，为了辅佐治理世间，乎獲居臣打造了这把刀”。（着重号为作者添加。——译者）

这是在世间还没有出现杂音之前，解读者们将从铭文中获得的朴实印象直率地表达了出来，仅此而言就十分珍贵。而“为了辅助治理世间”，“左治天下”就不再是一个不可动摇的客观事实，而单纯解读为主观的意图。以此说明制刀动机的话，是非常容易理解的。但是按照前面的铭文读法，其中并没有包括这层含义，只能读作：

吾左治天下，令作百练利刀。

于是在正式发表的时候就依据了这种读法，这其实是令人惋惜的倒退。

要说明制刀的目的，文中无论如何都需要一个“为”字，只有这样，上文所引用的读法才能成为可能。为什么必需的“为”字丢失了呢？我认为不是铭文的作者遗漏了，而是读的时候读漏了。

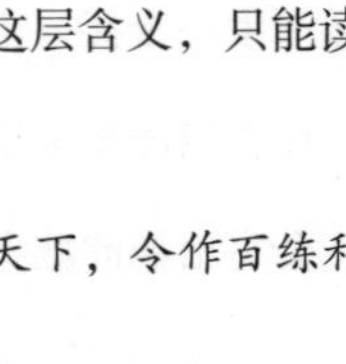

从行文来说，“吾左治天下”的“吾”字是很拙劣的，没有的话更好。

可以不要的字，就是行文中不能出现的字。其实，这里本来就是没有“吾”字的。有人会说，实际上不是有“吾”字的吗？那是因为只看到了修复以后的铭文。最早发表的 X 光照片上所显示的字形（如图左），这毫无疑问绝对不是“吾”字。近似“五”的字形的最后一横的右端，向上形成一个圆形（如图右）。这样的话不像任何一个汉字，于是修复者就将这个圆形取下来放在“五”的下面，创作出所谓的“吾”字。

依我看来，这个字的原形一定是将“五”字的最后一笔向右延长后弯向下方，或者像现在已经不用的平假名ゐ一样卷成圆形。这样的话就可以读作“为”字了。当然，这样会和上文中出现的“为”的简体字略有不同，但铭文不是活字印刷，同一个字不一定都要写成一个形状。

在各种铭文中，几乎都要明确表示制作的目的，所以要用到表示目的的“为”字，七支刀铭文中也有“为倭王”这一句。

一度被认作“吾”的文字，其实不是“吾”而是“为”，那么这句话就成了“为了佐治天下”，与上文“杖刀人首”的关系也得以解决。换言之，“为杖刀人首奉事”是客观事实，而“左治天下”则是制造铁刀之人的主观意图，两者是不同层次的问题。杖刀人大概可以等同于禁卫队，其队长的夙愿就是成为大王治理天下的辅翼，这是极其自然的奉事方法。为襄助“左治天下”而制作铁刀，以此为契机记录了先祖以来的谱系，这是可以肯定的想法。所以，这把带有铭文的铁刀不是献给大王的，而是流传给子孙的，这样的解释才更为自然。

以修复为名的破坏

与问题文字是“吾”还是“为”无关，修复时将金线从原有的位置移到别处固定下来，作为修复者，这种做法是越权的行为。修复者不同于研究者，两者应该各守本分。如果修复者出于自己的意愿，为了使一般大众和学者更容易看到而进行加工，那么他就已经失去了作为修复者的信用。无论如何，修复者只须专心于将现在的样子如实地传达给后世。当然，修复者同时是研究者也不是坏事，甚至有必要同时是优秀的研究者，而且修复和研究之间并没有截然的分别。但是两者的出场顺序是不同的。作为研究者，在报上名字并承担责任的基础上，可以自由发表任何的言论。但修复者必须自我封闭自由和创作，损坏就是损坏，不明就是不明，必须忠实于现状地工作。

如果修复者进行了修复之外的加工，那么这样修复就成了一种无心的破坏。京都大学考古学初代教授滨田耕作就经常告诫学生，遗址的发掘就是破坏，保存数千年的地下遗址一经发掘就到此为止了。无论采用何种保存方法，都不及原来那样自然放置的状态。既然进行了破坏，就有责任贡献出足以补偿的学问。进行调查、研究和发表的同时，还必须将文物长期留存于世，成为后世学者的研究资料。

换言之，考古学从一开始就是一门矛盾的学问。没有破坏就没有研究，为了研究就必须破坏。因此必须将破坏减到最小，将研究成果变得最大，至少也不能得不偿失。

发掘者的责任

近年来，世间在这一问题上犯了一个大错误。所谓民主和学问的公开，听起来都十分悦耳，新闻报道也不断地煽动。一听说哪里有新的发掘，众人都趋之若鹜，一时间就聚集了数千数万的人群。如果不造成损坏还好，问题是有些宝物十分容易损坏。冷静地想一想，仅仅看一眼对学问研究的进步能有多大意义呢？

发现高松冢古坟的壁画时，当事人将遗址的保存视为第一要务，他无视民主主义的俗论，将包括学者在内的多数参观者都拒之门外，这是理所当然且值得赞赏的态度。

在学术研究中，究竟有多少情况是必须看原物的呢？恐怕就只有百万分之一、千万分之一吧。实际上，就是为了给那么一两个人观看，原物必须慎重地保存起来。这么说是基于我自己的体验，我从来没有死皮赖脸地试图窥探别人的秘宝，也从来没感觉到有这样的必要。当然我不是不想看，但这种时候婉言谢绝才是作为学者所应有的协助态度。我的研究借助极其常见的史料，乃至二手、三手的资料就足够了。如果有人说“这是因为你的学问还不够”，那我也无可反驳，只能赔罪着说“您所言极是”。但是，我的信条不会变，从别人处获得信息，从中获得比信息提供者乃至所有人都精确的发现，这才是历史学。

发掘有各种各样，比如难波宫和长冈京，被世间遗忘的奇幻遗址得以重新面世，从中得知许多新的事实，这是很好的。对这一事业倾注热情的山根德太郎[1]本是国史学者，中山修一[2]是地理学家，他们都不是生来的考古学专家，这一点尤其伟大。但是从遗址的保存来看，一旦发掘就无法避免新的危险。从保存的角度来说，自然放置才是最完美的。发掘就是破坏，这样的宿命恐怕是无法摆脱的。但现实的问题是，由于住宅和工厂的胡乱开发，暴力破坏正在一刻不停地进行。考古学家的发掘是对此的防卫，即便必须破坏也要减到最小，大破坏减为小破坏，有序发掘代替胡乱开发，这样才能在学术上受到欢迎。

修复也是一样。修复本身已经是破坏原状，但维持原状的话破坏会继续进行。所以，将破坏减到最小限度，或者延迟破坏的速度，这一意义上的修复是可以接受的。话虽如此，修复最终无法逃离破坏的命运，这是谦虚的修复者必须自我认识到的事。尽管仿制和仿写不伴随着破坏，但这时候必须保留原貌，不明白的地方就是不明白，看不见的地方就是看不见。出于自己的想法而创造新的价值，这是必须严格禁止的。

记吾奉事根原也

其中的“根”和“原”最初是剥落状态无法解读，后来从细小的碎片中发现了金线，才补上了这两个缺字。

---

1 山根德太郎：1889—1973，日本考古学者，大阪市立大学法文学部教授，曾依据文献史料寻找所在地不明的难波宫，最终成功发掘了难波宫的大极殿遗址。

2 中山修一：1915—1997，日本历史地理学者，京都文教短期大学教授，长冈京遗址发掘调查研究所所长。长期从事长冈京的研究，确定了长冈京的所在地，致力于其发掘调查和保护工作。

“记吾奉事根原也”，依据我的观点，这里有个“记”字，如果开头“七月中记”的“记”也读作“记录”，那就形成了不必要的重复。这里有“吾”字，如果上文读作“吾左治天下”，短文中就出现了两次“吾”字。两个字中，下面的“吾”字不可省略，而上面的可以没有，或者说没有了才好。同一个文字在短距离间重复，这一般是需要避免的，如果硬要重复，就会成为十分拙劣的文章。

吾、余、我

我在这里想要指出的是，“吾奉事根原”云云的“吾”和上文中“余其儿”云云的“余”是相呼应的。一般的汉文中，同一个文字必须避免在短间隔中重复出现，所以就有了同义语互用的方法。

汉语中表示第一人称的代词非常多，最常用的是我、余、吾，此外还有予和朕等等。写文章时，如果要多次用到第一人称，通常会从中挑选两个交互使用，通过适当的安排来使文章富有韵律而不落单调。这样的顾虑在古代的经典中已经出现，其中最多的组合是“我”和“吾”，还有“余”和“吾”。

伊藤东涯[1]的《操觚字诀·实字上》中就有一条是区别我、余、吾的，但其实上它们没有这么明确的意思上的区别。不过，书中引用了自古以来的文例，展示出各种各样的组合，这是非常有益的。我和吾的组合有：

---

1 伊藤东涯：1670—1736，名长胤，号东涯，江户时代中期的儒学者，在汉语、中国制度史、儒学史等领域都有研究。

我张吾三军，而被吾甲兵。(《左传》“桓公六年”)

这里使用了两次“吾”是出于修辞上的故意，形成了很好的对仗。但一般来说我和吾是一对一使用的：

我有好爵，吾与尔靡之。(《易经·中学》)

我和吾的组合，在《论语》中特别常见。《论语》被认为是当时的口语体，可见古代中国人在日常语言中混用“我”和“吾”，由此区分抑扬。

回也非助我者也，于吾言无所不说。(《论语·先进》)

如有用我者，吾其为东周乎？(《论语·阳货》)

我不欲人之加诸我也，吾亦欲无加诸人。(《论语·公冶长》)

下面是“余”和“吾”的组合，这在《楚辞》中十分多见。特别是《离骚》，全文中都镶嵌着“余”和“吾”，形成神奇的织物图案。《离骚》是一篇长文，在这里无法展示全文。文中共包含了五十个“余”字和二十六个“吾”字，形成了一幅完美的蔓藤图案。现在只选取其中的两三处为例：

汩余若将不及兮，恐年岁之不吾与。

忳郁邑余侘傺兮，吾独穷困乎此时也。

灵氛既告余以吉占兮，历吉日乎吾将行。

其实，我、余、吾各自的语感是我等外国人所无法理解的，恐怕对于中国人而言感受也是各种各样，没有一定的规则。不过，这三个字的发音各自不同，因此必定在语感上各有差异，是根据各人感觉而适当混用的。我的感觉是，“我”和“余”是先行的，“吾”其次出现。但是“吾”先行的情况也有，所以无法一概而论。

《楚辞》中的《离骚》和《史记》《论语》一样，都是古代文人所必修的典籍。稻荷山铁刀等的铭文作者也不例外，在文中使用“余”和“吾”形成前后照应。如果我们把这个“余”读到固有名字之中，那么作者的苦心就付诸东流了。

全文的解读　　下面根据我的读法展示铭文的全文，并附加意译。

辛亥年七月中，记乎獲居臣，上祖名意富比垝，其儿多加利足尼，其儿名弖已加利獲居，其儿名多加披次獲居，其儿名多沙鬼獲居，其儿名半弖比。（以上正面）

其儿名加差披，余其儿名乎獲居臣。世々为杖刀人首，奉事来。至今獲加多支卤大王，寺在斯鬼宫时，为左治天下，令作此百练利刀，记吾奉事根原也。（以上反面）

辛亥年七月中，记之乎獲居臣，上祖的名字是意富比垝，他的儿子名字是多加利足尼，他的儿子名字是弖已加利獲居，他的儿子名字是多加披次獲居，他的儿子名字是多沙鬼獲居，他的儿子名字是半弖比。（以上正面）

他的儿子名字是加差披，我是他的儿子，名字是乎獲居臣。世世代代担任杖刀人之首，奉事以来，到今日獲加多支卤大王，在斯鬼宫侍奉时，为辅佐治理天下，下令制造百练的利刀，记录我奉事的根源。（以上反面）

在上文中，最重要的一点就是獲加多支卤大王的读法及其比定。我介绍了与之相关的各类学说中的主要几种，立场过于悬殊的观点恐怕会扰乱读者的头脑，因此不做涉及。作为结论，最初进行解读的岸俊男团队的读法，目前仍然是最妥当的。

在讲到七支刀的时候，关于最重要的年号的识别，我也是采用了最早的研究者菅政友的鉴定结果。想来，在解答众说纷纭的问题时，最早提出者的见解往往是最值得参考的。为什么呢？因为最初着手的时候听不到任何的杂音，问题就像一张白纸，往任何方向都有解答的可能。后来出现的不同观点，这时候恐怕也已经考虑到了，因此是从能够想到的各种可能性中，选出了最妥当的一种进行解答。这种情况下能够最公平地加以取舍的，只有最初的研究者。因为他没有要胜过谁的意图，所以应该是邪念最少的人。照这样说来，我的这本小书也可以说是罪孽深重的产物了。不过，只要清醒地意识到这一点，也就无妨了吧。

二　江田船山大刀

刀背错银铭文

作为七支刀铭文的影响之一，可以想到的是熊本县玉名郡菊水町江田船山古坟出土的大刀铭文。明治六年（1873），江田船山古坟出土了二十余把刀剑，其中一把铁制大刀全长 90.6 厘米，因缺少刀茎部分而变短，刀刃部分长 85.3 厘米，刀背有错银的铭文。铭文字数约为七十五字，尽管剥落的部分相当多，但在各家先贤的努力下，能够确认的文字已经全部确认。换言之，考古学的工作已经成功地达到它的极限。至于文字的含义，尽管大体的内容不难推测，但能够确切把握的部分却付诸阙如。现在我从各家的解读成果中提取最大公因数，大体可以归结如下：

江田船山大刀
（东京国立博物馆藏）

> 治天下獲加多支鹵大王世奉事典曹人名无利弖八月中用大铁釜并四尺廷刀八十练□十□三寸上好利刀服此刀者长寿子孙□々得□恩□不失其所统作刀者名伊太加书者张安也。

在船山大刀的研究中，取得最显著成果的是福山敏男，他注意到最初的“治天下”三个字，认为这是日本天皇早已使用的称号，由此正确地判断这把刀是日本制造的。其次，关于“獲□□□鹵大王”七个字，历来把第一个字读作“獀”，第五个字读作“齿”，比定为“タジヒノミズハワケ”，也就是反正天皇的说法最为有力。后来随着稻荷山铁刀铭文的问世，人们认为他可以和其中出现的“獲加多支鹵大王”视为同一人。现今，把两者都比定为“ワカタケル”，也就是雄略天皇的观点基本得到了认可。

由此，最重要的一点基本阐明了。但接下来的文字说了什么，似乎大体能够理解，却又无法切实把握明确的含义，因为无法释读这段汉文。这是不可思议的事，既然排列着这么多的汉字，通常是不可能无法解读的。如果无法解读，那就意味着其中必然有文字上的错误。那么，究竟是哪里出现了错误呢？作为汉文文体，有时明白一个字就明白了一句话，明白了一句话就能推测前后句的意思。所以这里也是一样，应该尽可能地活用原有的汉字，作成意思更为通畅的文章，然后将它与原文相对比，不恰当的文字自然就浮现出来了。换言之，通过最小限度的订正，创作出意思最通畅的文章，这样就成了原文，或者是与原文最接近的文章。下面，我试着介绍我的方案，欢迎大方之家的批评。

治天下獲加多支鹵大王世

这一句下理所当然应该有“某年”或者干支，没有记载显得不可思议。当然，“世”有三十年的意思，从文字的角度也不是不能读通，但查阅年表的话，雄略天皇的治世只有二十三年，因此无法强行求解。

奉事典曹人名无利弖

“奉事”这一词语也出现在稻荷山铁刀的铭文中，就是“奉仕（大王）”的意思。典曹的“典”是掌握，“曹”是以前军队中军曹、曹长的曹，也就是“部局”的意思。因此，典曹人就是部局长。“无利弖”可能读作ムリテ。所以这九个字的意思是：

奉仕的部局长，名字叫作无利弖。

八月中用大铁釜并四尺廷刀

“八月中”，“中”字的用法在古代铭文中十分常见。“用”字以下，几乎所有的先贤都识作“大”字，但“大铁釜”意思上是不通的。想来，这里少了个“美”字，一定是缺失了上半部分的“羊”，只剩下下半部分的“大”。“美铁”连起来就是钢铁的意思。

这里的“釜”不是做饭用的釜。在我们耳熟能详的“二十四孝”中，郭巨家中贫穷，生得一子后，母亲考虑到孙儿的营养而开始缩食。于是郭巨夫妇商量，既然无法筹集四个人的粮食，就只能把孩子杀掉了。正在挖土准备掩埋时，突然出现了黄金一釜，上面还雕刻着这样的文字：

天赐孝子郭巨，官不得夺，民不得取。

这里的“黄金一釜”如果真是做饭用的釜,就不会写成“一釜”,写“黄金釜”就足够了。如果一定要加上“一”字,也应该是“一黄金釜”才对。

何谓“釜”

首先从情理上看，这里的釜必须是表示容量的单位。釜作为容量单位通常是六斗四升，但郭巨挖出来的黄金不可能有这么多，恐怕是指能够装入普通釜的分量吧。妻子抱着孩子，郭巨一手拿着铲子，一手就能够轻易地抱回家，大概至多只有五公斤吧。黄金的形状不清楚，可能是方形的板。考虑到炼刀所需，我想将铭文中的“釜”解释为“板金”。

郭巨挖出黄金釜
（出自山崎美成：《世事百谈》）

关于“釜”的含义，最热心收集材料并做出考证的是物集高见。他所著《广文库》七册中有“郭巨”条，摘录了《蒙求》、《太平御览》、伊藤东涯的《秉烛谈》、山崎美成的《世事百谈》等。其中提到，一釜就是能够将釜装满的分量，《法苑珠林》中出现过“一釜黄金”的说法。至于釜中的黄金是怎样的形状，大概是火柴盒面积的菱形板弯曲成戒指般的形状（如图 1），《画史会要》所载的郭巨图中似乎是聚在一起的田螺，也有的古画中画成堆积在一起的板块（如图 2）。这样的话，“天赐孝子”之类的文字就没地方写了。根据《太平御览》，这不是写在釜上的，而是写在了铁券上，铁券上是可以写字的。

图1

图2

一釜黄金的形状

汉代刘向有题为《孝子传》的著述，但《孝子传》兴盛是在晋代以后，特别是在南朝宋的时候达成了鼎盛。其实，当时有七八种《孝子传》流传于世，现今都已散佚，只留下了一部分。之后迅速传入百济和日本，船山铁刀铭文的书写者张安在落笔时，恐怕也是眼前浮现了郭巨的故事，因而使用了“釜”字。铭文中虽然没有一釜的“一”字，但我认为它和“黄金一釜”相同，应该是“铁板一釜”，解释为“一釜美铁的板”。

美铁一釜和四尺廷刀

说到这里，我认为船山铁刀铭文中的“美铁釜”其实应该是“美铁一釜”，中间脱漏了“一”字。铭文后有“四尺廷刀”和“上好利刀”,指物时都是用四字短句。由此看来“美铁釜”三字不合对应，应该整备为“美铁一釜”。

这样一来，一釜和四尺就能对应了。更进一步，如果倒过来变成“一釜美铁”，就和“四尺廷刀”形成了完美的对仗。汉文中特别重视对仗，如果能够形成对仗，其他地方稍不合理也可以带过。明知如此却特意没有形成对仗，这可能是文字没有洗练的结果。如果形成对仗就变成了文学作品，这虽然也有好处，但这一时代的人们还不允许将“廷刀”这样的俗语运用到对仗中去。

所谓考证，必须依赖于原文才能成立。但如果已经用尽了一切手段，有时就可以怀疑是原文出现了错误。我曾经试图研究《论语》，但最后的结论是，即便《论语》这样的经典，也不得不认为有原文的讹误。如果不走到这一步，就称不上有自信的研究。

下面的“廷刀”又是什么呢？“廷”恐怕是“铤”，金石文中省略偏旁并不少见。铤就是生铁，古代铁铤的实物在朝鲜半岛和日本随处可见。其中最有名的要数奈良县宇和奈边六号古坟中的出土品，平均450克的大铁铤有282个，平均23克的小铁铤有590个。铁铤的形状多种多样，但铭文中写作“廷刀”，那就是刀状的金属原料，换言之是做成刀身形状的金属原料。锻刀的时候以生铁的刀为主，加上钢铁的刀刃，放在火上用铁锤加以锻造。廷刀就是指生铁，美铁就是指钢铁的部分。

八十练□十□三寸上好利刀

八十练就是将上述的生铁与钢铁结合，进行八十回炼造的意思。其他的金文中经常出现“百练”的说法，这里减为八十练是典型的日本式表达。当然，八十并不是实数，而只是比喻，古代日本常用“八十”来形容事物之多，比如八十氏、八十枭帅、八十岛、八十国、八十万等，不胜枚举。

“练”下面的字通常读作“六”，由于是腐蚀最严重的部分，各家恐怕都是根据下面的“十”字，将此处确定为数字的“六”。但是这里无论如何都应该是“造”字，事实上这样的读法也是完全有可能的，就是接上文读作“八十练造”。那究竟造什么呢?

“十”下面的文字各家多数读作“捃”或者“振”，这就难以和下文连接了。这个字在照片中比较清晰，依我看来可以读作“握”字。“握”是指握拳时候手掌的宽度，十握剑的十握就是指刀刃的长度，大约为八十到一百厘米。下文的“三寸”是从十握中伸出的刀茎的长度，大约九厘米。合计起来的话，十握的部分约九十厘米，三寸的部分约九厘米，全长恐怕就是一百厘米。十握和三寸，形成一个小型的对仗。

接下来的“上好利刀”本来就是能读通的，八十练造出来的是长约一百厘米的上好利刀。现存的船山大刀实长九十六厘米，加上若干丢失部分后大体符合。再者，十握三寸的句子与上文的“四尺”相照应，“廷刀”和“利刀”相对，这是汉文中经常出现的前后呼应法，可以说是一种对照。实际上，正因为这种对应的存在，难懂的“十握”才得以解读。

既然是从四尺的金属原料打造出长约一百厘米的利刀，减去锻造时所产生的损耗，比例设为七成的话，结果就是二尺八寸。如果原来是高丽尺，换算成曲尺大约是三尺二寸七分，因为高丽尺的一尺相当于曲尺的一尺一寸七分，曲尺的三尺三寸自然就相当于一百厘米。具体的计算还有待于这一领域的专家，不过这样的问题即便强行得出合拍的精密数值，也无法保证从中获得太大的好处。

大刀三口

发掘江田船山古坟时，与错银铭文铁刀一起出土的，还有形状极其相似、长约一米的两口大刀。这三把大刀，或者还有更多的大刀也许都是同时同地打造的。如果是这样，铭文中的“四尺廷刀”就应该视作复数，美铁的釜也分用到了多把刀中。也许其中只有一把成为其他刀的代表，被刻上了铭文。

藤堂明保[1]在此处这样解读道［《京都新闻》昭和五十三年（1978）10月5日《引人入胜的雄略时代的东国开拓》］：

八十练六十振，（作）三寸上好之刀。［原注：（作）为补足缺文］

文中的“六十振”我无法赞同，但他还是考虑到了需要“作刀”的“作”字。其实，含有“作”字意义的字被识读成了“六”，所以就无法理解了，而且三寸的刀也太短了。另外，即便意思相同，这里也不能是“作”，因为后面马上就有“作刀者”云云，和作刀之人重复了。这种情况下，前面

1 藤堂明保：1915—1985，日本汉语学家、中国文学学者，曾在NHK担任汉语讲座讲师，后任早稻田大学客座教授。专攻音韵学，提倡“单词家族说”，基于该学说编纂了《学研汉和大字典》。

出现的订货人必须用“造”，后面出现的工作人员用“作”，由此以示区别。中国石刻中常见的造像铭也是如此，表示施主的情况下用“造”字。

服此刀者长寿子孙□々得□恩□不失其所统

第一句到“服此刀者长寿”没有问题。第二句一般读作“子孙注々”或“子孙洋々”，意思上难以理解。即便通过不完整的照片也能看到，这个字的左边偏旁是简写的糸，似乎可以读作“绵々”。子孙绵绵长久不断，这是最值得庆贺的事了。第三句，关于“得□恩”中的缺字，有“其”“一”“三”等读法，但恐怕应该是“王”字。王恩就是ワカタケル的恩，开头的“大王”和这里的“王”相对应，也可以看作前后呼应。

“恩”字下面的□，各家都读作“也”，但“也”字就把句子句断了，无法连接后文。这里的□应该读作“世”来连接下文，一个“世”字就是世世代代的意思。“所统”等于“所部”，这里可能是指部曲、部民。《宋书·倭国传》记载了倭王武的上表，其中就有“驱率所统”云云。作为国王，所统自然就是军队了。因此，铭文的意思就是：

佩服这把刀的人长寿，子孙绵绵永续，得到王的恩典，世世不失去所部。

不失去所部都是源自王恩，在这里和父母之恩、众生之恩无关。

作刀者名伊太加书者张安也

上文出现名字的无利弖是定做这把刀的人，因此使用“造”字。相反，写成“作刀者”的就是直接参与制刀的工作者。“造”和“作”是相对的，从这一点来看，上文的“造”字也是必需的。历来各家都把磨灭最严重的地方读作“六”，而我要读成“造”的理由正在于此。

书者张安恐怕是来自百济的朝廷史臣。制刀者和上文出现的典曹人，都是先冠以“名”字后再记录日本名字，但是这里的张安却没有加“名”，因为他带有中国式的姓氏，所以一看就能够识别出来。这种在日本人名字前先加上“名”的写法，在稻荷山铁刀铭文中也能看到。因此这一部分就如同字面，读作：

> 制刀的人名为伊太加，书写（铭文）的人是张安。

将作刀者名字读作伊太加的是福山敏男，但随后山本博[1]提出这里必定是伊太祁。因为纪伊名草郡有伊太祁曾（留？）神社，祭祀着五十猛神[2]。这里的イダケル和イダテ（伊达）一样，都是制刀集团祭祀的神灵。（山本博《古代的制铁》第十一《播磨国和制铁神们》）

---

1 山本博：1903— ，日本考古学者，大阪学院大学教授，著有《龙田越》《神秘的水与井》等。

2 “伊太祁留”和“五十猛”的日语读音都是イダケル。

全文的解读

以上，我对船山大刀的铭文进行了分段解释，下面我整理全文加以释读。首先是原文文字的比定，我在展示自己读法的同时，与历来的读法进行对照。

> 治天下獲□□□鹵大王世奉事典曹人名无利弖八月中用[美]铁[一]釜并四尺廷刀八十练[造]十[握]三寸上好利刀服此刀者长寿子孙绵々得[王]恩[世]不失其所统作刀者名伊太加书者张安也

[美]，一般识读为[大]，没有人言及[一]

[造]，多识读为[六]

[握]，多识读为[捃]，少数识读为[振]

[绵]，多识读为[注]，少数识读为[洋]

[王]，多识读为[三]，少数识读为[一]，或者[其]

[世]，一般识读为[也]

（译读）治理天下的ワカタケル大王（雄略天皇）之世，奉事典曹人（部局长）的名字是无利弖。八月中用一釜美铁（钢铁）板，和四尺（约九十厘米）的刀形铁铤，下令经过八十次炼造，制造成十握（约九十厘米）又三寸（约九厘米）的上好利刀。佩服此刀者长寿，子孙绵绵不绝，得王恩世世代代不失去他所统属（的部民）。制刀者（工人）的名字是伊太加，书写（铭文）的是张安。

正如调查船山大刀的福山敏男所指出的，这篇铭文中混入了浓重的日本腔。比如治天下、八十练、十握等词语，还有在日本人名字上方加“名”的写法。但是另一方面，铭文也巧妙利用了汉文原有的手法，努力使文意畅达。大王和王恩、四尺和一釜、十握和三寸、廷刀和利刀等，这些前后对比照应的地方都可以作为例子。

第四章

七支刀铭文的源流

——长文刀铭流行传播的轨迹

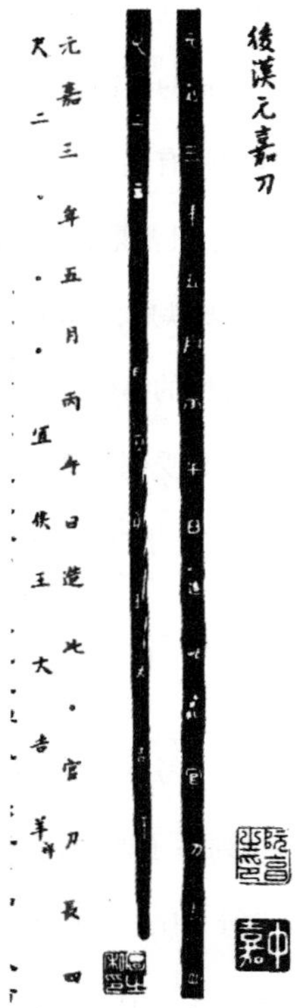

南宋　王厚之　元嘉刀铭拓本

长文刀铭的流行

如上文所说，七支刀的铭文中写着“先世以来未有此刀”，所以伸出七个枝杈的刀形应该是百济王世子的独创。但是尖端伸出三个枝杈的形状，就像加藤清正[1]的枪一样并

1 加藤清正：1562—1611，日本战国时期到江户初期的武将、大名，熊本藩第一代藩主。作为丰臣秀吉的养子和家臣，随之转战各地，曾参加侵略朝鲜的战争。

不罕见，七支刀只是增加了枝杈的数量而已。形状越是独特，距离实用就越远，进而蜕变成为单纯用于仪式的装饰品。

七支刀的装饰性质还体现在带有铭文这一点上。虽说形状上远离实用性，但七支刀只要是刀就是武器，只要是武器就应该要求锐利性和坚韧性。在重要的刀身上错金，这将会削弱铁质，不可避免地减弱作为武器的机能。即便如此却依然施加了提高装饰性的镶嵌，百济王世子虽然没有提及其中原因，但这不是王子的独创，而是受到了当时东亚世界潮流的影响。所谓潮流就是不问是否合适，只要它本身的价值得到认可就能够在世间蔓延，古今东西无不如此。

元嘉刀

星野恒的《七支刀考》登载于《史学杂志》第三编第三十七号，其中列举了西洋武器中尖端带有若干枝杈的例子，将它们与七支刀的形状进行了比较。此外，星野还追溯七支刀镶嵌铭文的源流，从清代冯云鹏的《金索》中转引了汉元嘉刀的图形。冯云鹏是嘉庆道光年间的学者，编有《金石索》共计十二卷。其中《金索》所载的汉元嘉刀铭，其实转载自宋代王厚之（复斋）[1]的《钟鼎款识》，本应有二十七个字，其中有四字磨灭无法识别。冯云鹏根据意思做了如下补正：

元嘉三年五月丙午日造此供官刀长四尺二寸服者宜侯王大吉羊

1 王厚之：1131—1204，字顺伯，号复斋，临川（今江西省抚州市）人，南宋著名金石学家、语文学家、理学家和藏书家，著有《复斋金石录》《复斋印谱》等多种著作。

这些铭文究竟是单纯的雕刻还是金银镶嵌，文中对此没有任何记载。恐怕应该是刻铭，也就是用錾子雕刻的阴文。

无论搜录元嘉刀的宋人王厚之，还是加以转载的清人冯云鹏，他们似乎都深信不疑这是汉代的元嘉刀。但要我说的话，这反而是不可思议的现象。毕竟“元嘉”既是东汉桓帝的年号，也是南朝宋文帝的年号。通常历史学家提起元嘉的话，都会想到南朝刘宋的元嘉。这一年号在当时十分独特，它连续使用了三十年，其间是被称为“元嘉之政”的天下太平时期，南朝宋的文化也在这一时期达到了顶点。绝口不提南朝刘宋的元嘉而断定为汉代元嘉，这不由让我感到极大的不安。

从东汉桓帝的元嘉三年（153）到南朝宋文帝的元嘉三年（426），相差二百七十余年，其间还经历了堪称中国文化大劫的“五胡乱华”时期，汉代文物的损失应该是不计其数的。如果从极其常识的角度，比较汉代元嘉的文物和刘宋元嘉的文物哪个更有可能残存于后世，后者的可能性无疑要比前者大得多。我在介绍七支刀时也提出过这一理论，如果没有其他特殊条件，我们首先选择两者中年代较新的纪年才比较安全。如前文所说，这种情况下最大的障碍就是作为古董尽可能使其古老的执着心理。为了反对这种本能性的古代崇拜，我力排将元嘉刀定为汉代文物的王、冯二人学说，而是将它视为南朝刘宋的文物。这不仅是从常识的角度比较传世的可能性，还有其他重要的理由。

汉元嘉三年

首先来考虑东汉桓帝元嘉三年这一年。元嘉三年（153）这一年一般不见于年表，根据《后汉书》卷七《桓帝纪》的记载，这一年五月改元为永兴，所以多数年表都无视元嘉，将这一年记载为永兴元年。

改元可能包含着封印灾厄的咒术性意义。元嘉年号本身也是如此，由于外戚梁冀的专横，当时的东汉天下战乱与灾厄频发。元嘉元年正月，由于京师中疾病蔓延，只用到第二年的和平年号被废除，改成了祈祷含义的元嘉元年。但是，灾厄并不会因此而平息，二月太白星昼现，夏季出现旱灾，凉州一带羌族叛乱，前往讨伐的官军一败涂地，十一月京师发生地震。到了元嘉二年，正月京师再度地震，七月出现日食，十月京师又发生地震，接连不断的灾厄弄得人心惶惶。作为当权者的梁冀也心中悲痛，就在酝酿改元的元嘉三年春二月，从张掖郡传来了发现白鹿的祥瑞奏报，于是以此为契机，五月丙申发布天下大赦令，并改元为永兴，这就是更改年号的真相。

因此，如果元嘉刀真是汉代的元嘉，就必须制造于五月丙申二十二日之前。进一步思考的话，由于改元这样的朝廷大事需要相当的时间，所以必定在五月之前就做好各种准备。这一时期的改元往往伴随着大赦天下，那就更是如此了。更何况万事都在当权者梁冀心中酝酿着，从梁冀决定改元的时候开始，即便刀铭中含有元嘉是以前就计划好的，这时也必定会下令中止。如此想来，元嘉刀在元嘉三年制作的时间范围越发狭窄了。甚至于可以说，这一年根本没有制作的时间。所以，元嘉刀即便制成也只会是少数，不得不说能够流传给后世的可能性是十分小的。

供官刀

需要进一步思考的是元嘉刀的铭文。到“五月丙午”为止是常用套话，没有什么问题。下面的□官刀，冯云鹏读作“供官刀”，那么供官刀又是什么意思呢?

这里的“官”不是官衙和官府。既然制作场所都是政府所属的工房，制作官厅用的刀就无须特意说明了。作为武器，铭文对于刀身是有害的，雕刻无意义的铭文必定意味着这把刀是出于特殊目的而制作的。

在汉晋六朝时期，“官”这个字有专指天子的特殊用法。有一段著名的逸事历来脍炙人口，西晋的第二代皇帝惠帝是中国历史上愚昧天子的代表，他曾在出游宫中华林园时听到蛤蟆的叫声，于是问左右近侍道：

> 此（蛤蟆）鸣者为官（天子）乎？为私（自己）乎？

其中一名近侍回答道：

> 住在天子土地上的，就为天子鸣叫；住在自己土地上的，就为自己鸣叫。

惠帝是否明白了并无记载，但这里的“官”就是天子，既可以是自称，也可以是他称。

将天子称为“官”,这是魏晋六朝非常流行的用法。清代梁章钜[1]在《称谓录·天子古称》中这样说:

> 魏晋六朝称官。

仅就这一点也可以说明，供官刀的制作年代不是汉代，而是包含南朝宋在内的六朝时代。

那么,供官的含义必须做进一步的限定。因为天子的佩刀已经有御剑、御刀等称呼了。因为是指天子直接佩带在身上的刀剑，所以用“御”作为敬语。相反，供官刀只说天子使用，却没有说天子是否亲自佩带，其实只是收纳在天子御府中而已。

这样的咬文嚼字是有理由的。如果供官刀就是天子佩刀、御刀的意思,那么下面铭文中的“宜侯王”一句就显得不合适了。既然是天子的御刀，适宜于地位低天子一级的侯王，这就上下颠倒了。如果是天子的御刀，从一开始就不需要“供天子”这样的句子。那么，特意记录“供官刀”的真正含义又是什么呢?

---

1 梁章钜:1775—1849,字闳中,号茝邻,福建福州人。曾任江苏布政使、广西巡抚等职,上疏主张治理鸦片囤贩之地，积极配合林则徐查禁鸦片。晚年从事诗文著作，在楹联的创作和研究方面贡献颇丰。

尚方斩马剑

天子所有的物品分为两种，一种是天子确实亲自使用，生活中不可或缺的器物、御剑、御刀等，另一类名义上曾是天子的所有物，但往往不经手就以天子之名赏赐给了其他人。汉代的少府相当于宫内省，其下的尚方有着庞大的组织机构，负责制造宫廷使用的全部器物。尚方制作的秘器用于赏赐皇族、大臣等，其中也包括陪葬于坟墓中的明器。

《汉书》卷六十七《朱云传》记载，成帝时期的大臣张禹因受皇帝信任而专横，刚直的朱云痛恨张禹，当着满座公卿的面上言弹劾道：

> 今朝廷大臣，上不能匡主，下亡以益民，皆尸位素餐。……臣愿赐尚方斩马剑，断佞臣一人头以厉其余。

这是历史上有名的故事。斩马剑就是长而大的剑，虽然由尚方制作使用于宫廷，但往往用来赏赐给臣下。

汉代的尚方，经过晋朝南渡后规模缩小，执掌也有所变动。如果所谓元嘉刀真是汉代的，当然也应该称为尚方斩马剑，但此时已经没有这种称呼了。代为出现的“供官刀”铭文，不如说正是因为这不是尚方制造的，才有必要特意写作“供官”。也许从一开始就什么都不写才更好，但这样的话刀就显得不庄重了。联系前后考虑，供官刀其实不是天子的御刀，而是出于一度归为天子所有，其后赠送他人的目的而制造的。赠送的对象不仅仅是朝廷的大臣、皇室姻亲，还包含了外国的国王。

七支刀与元嘉刀

我有这样一种想象，这样的供官刀不知何时赐给了百济朝廷，百济王世子在制造七支刀时，从铭文中获得了许多参考。现在将两者进行比较：

元嘉三年五月　丙午日　造此　供官刀长四尺二寸　服者宜侯王大吉羊

泰始四年五月十六日　丙午正阳　造百练七支刀㠯辟百兵　宜供供侯王永年大吉祥

当然，七支刀正面的铭文几乎都是吉祥句，自然有出现相同句子的倾向。但是连顺序都一样，这就意味着我的想象并不是没有凭据的。从南朝宋文帝的元嘉三年（426）到明帝的泰始四年（468），中间相去42年，是比较短的岁月。但如果元嘉刀是东汉的元嘉三年（153），中间就相差了315年，即便是模仿也相隔了太久的岁月。如果说没有模仿的话，那也过于相似了。

到这里还有一个需要考察的问题，那就是汉代斩马剑的“剑”和供官刀的“刀”之间的关系。

剑与刀

通常来说，剑是指双刃笔直的利器，刀是指单刃而略有弯曲的利器，两者的原意也是如此。剑（劍）本身就是“佥（僉）”和“刀”的合文，佥是用于记录书籍题名的竹木片。从我们身边举例的话，就像是裱糊匠用来调糨糊的竹篦一样，“佥”字本身就是象形。“刀”是削木头的单刃小刀的形状，有时铸成货币之后也仍然称为“刀”。但随着时代的推移，剑和刀的意义都开始发生了细微的变化。

这不是我一个人的感触，汉代为止的古记录中作为兵器常常使用“剑”字，六朝以后“剑”逐渐被“刀”字替代。实际使用的剑最早是铜制的，长度上大多比较短。随着用铁的推广，剑的长度逐渐增加，到汉代时出现了称为斩马剑的长而大的剑。斩马不可能使用短剑，必须是又长又结实的剑才行，这是无须多言的。

另一方面，弯曲的刀也作为武器，用作护身之兵器逐渐得到推广。在实用性上，刀比剑更为普及。南朝梁陶弘景的《古今刀剑录》记载：

> 吴王孙权，以黄武五年（226）采武昌铜铁，作千口剑、万口刀，各长三尺九寸。

可以想象，当时剑和刀的实用程度是一比十。创业的君主多数是实用主义者，不会制造无用之物。此后，剑也被称为刀，特别是长的剑，往往会被称为刀。

剑的原始形状是比较宽的，长度上反而比较短。剑从一开始就被用作武器，直到后世文学中都有剑的影子，作为古典器物而受到尊重。相反，刀则发展为实用性的利器，分化为烹饪的脍刀和屠宰牲畜的牛刀。制铁技术进步后又造出了比较长的刀，作为武器和护身用具都已经一般化，特别是剑中比较长的一类也开始被称为刀。

所谓元嘉刀的形状其实是不确定的。冯云鹏从命名上认为是单刃的，而且铭文的字形很窄，应该是雕刻在刀背上。形状上不是剑而是刀，铭文中“供官刀”的名称也十分不古雅。这样说来七支刀也是一样，没有一个优雅好听的名字，如果考虑到是受了供官刀的影响，可以说是理所当然的结果。

日本的剑与刀

这种剑与刀的名称区别，如实地传到了日本。根据末永雅雄的说明，大体可以做以下区分：

查阅日本古典，记纪中没有依据形态区分刀和剑。但引人注意的是，《记》中多用刀而《纪》中多用剑。据我所知，从形态上加以区别的是东大寺献物账，上面有着单刃为大刀、双刃为剑的记载。但献物账中记录的“御大刀壹佰口”之下，开头就是

阳宝剑一口　并刃长二尺六寸二分 锋者偏刃

阴宝剑一口　各铭宝剑字

两把刀身都记录着是单刃的。到第十九项又写着：

金铜庄剑一口　刃长二尺八寸二分 双刃

记载着中间有沟，也就是中世以后所说的樋，确实可以说明剑是双刃的。

以后从平安时代到近世，“剑”的称谓是贵族性的，或者说是贵重性的名称。仪仗剑原则上是单刃，铓是双刃，通常收容（？）小乌造的刀身。公卿参列朝廷仪式之时，佩带表明身份的鎊剑，区别于武家战斗使用的大刀。因此，这一情况下“剑”的名称被认为是贵族性

质的。[《每日新闻》昭和五十四年（1979）1月19日《稻荷山剑与杖刀人》]

根据以上的用法，七支刀和稻荷山刀都是双刃的，从这一点而言属于剑的范畴。但是从时代而言，中国已经进入了六朝，习惯于将双刃的物品也称为刀。既然铭文本身已经自名为“刀”，那么直接称呼它为“刀”就可以了。

刀剑铭文的起源

如前所述，刀剑既然是武器，就必须越坚固越好，无论遭到怎样的冲击都不弯不折才是至上的要求。在刀剑身上雕刻众多铭文会对这样的坚固造成损坏，因此从原来的目的来看，这分明就是邪道。明知如此，为什么还要从事这样的邪道呢？这就是古往今来不变的潮流的杰作。那么，这样的潮流究竟是何时何地兴起的呢？回答这一问题并不容易。

近来，中国国内的考古学发掘十分盛行，有时出土的珍贵文物令人应接不暇。其中，带有越王勾践铭文的铜剑的出土曾震惊了世人。这把长五十五厘米的短剑上用金镶嵌着“越王鸠浅”的文字，根据这一铭文可以判断，这是春秋时代在今天浙江省称霸的越王勾践（卒于公元前465年）所持有的宝剑。

即便到了铁制刀剑普及之后，镶嵌铭文也屡屡可见。当然，到两汉三国为止，其铭文通常都是很短的。据说为南朝梁陶弘景撰写的《古今刀剑录》中就著录了多个这样的例子，其中的大部分是两个字，比如晋代武帝的刀是“司马”，成帝的刀是“兴国”，前秦苻坚的刀是“神术”。

据《古今刀剑录》记载，四字铭文也有几例。三国吴孙皓的宝剑上刻着“皇帝吴王”，后赵石虎的刀上刻着“皇帝石氏”，前燕慕容儁下令制造的二十八口刀上刻着二十八员将领。日本四天王寺[1]中保存的刻有“丙午椒林”四字铭文的剑，也属于这一系列。《古今刀剑录》中还著录了五字、七字的铭文，总体来说字数都不多。

龙雀刀

但在其中，五胡时代末期的大夏王赫连勃勃所打造的龙雀刀，上面却有长篇的铭文。所谓龙雀刀，是他在龙升二年（408）下令打造的大刀，因有龙雀之环而得名。龙雀在字典中解释为飞廉，而飞廉在字典中又解释为一种神禽，虽然最终也无法确切知晓，但想来应该是类似于凤凰的神秘瑞鸟吧。

关于龙雀刀，《晋书》卷一百三十《赫连勃勃载记》中也有同样的记述，其铭文雕刻在刀背上：

> 古之利器，吴楚湛庐，大夏龙雀，名冠神都，可以怀远，可以柔迩，如风靡草，威服九区。

长达八句三十二字的铭文，这可以说是破天荒了。

---

1 四天王寺：位于日本大阪市天王寺区，是圣德太子所建“七大寺”之一。据《日本书纪》记载始建于推古天皇元年（593），现为佛教和宗的总本山。

最早想到这个主意的赫连勃勃是匈奴出身的少数民族君主，他既是明主也是暴君，给后世留下了许多逸事。他的都城位于今陕西省北部，建造在长城之外，他下令蒸发黏土来筑造城墙，建成后用锥子刺以测试硬度，如果锥子进入一寸，工人就会被杀死。这座城池名为统万城，龙雀刀铭文中所说的“神都”就是指的这座城。

从华北到江南

赫连勃勃居于长城之外，伺机准备南下。当时，占据长安的后秦势力日益衰落，东晋将军刘裕率军北伐，生擒后秦之主姚泓及以下百余人，并全部处死。但是，刘裕对于占领华北并无兴趣，他也没有那样的实力。占领长安后，刘裕只留下少量的守备兵就撤军了。赫连勃勃瞄准了这一机会，趁刘裕的主力撤退后，他立即挥军南下，平定了长安及周边一带。

刘裕凯旋江南的都城建康，凭借胜利的余威夺取权力。他弑杀了东晋的安帝，拥立安帝的弟弟恭帝，不久以后又废黜恭帝，自己登上了皇位（420）。刘裕就是南朝宋的初代武帝。

武帝在长安的时候，通过某种途径获得了赫连勃勃打造的龙雀刀，并把它带回了江南。这把最早带有长篇铭文的大刀，就这样被收入帝室的宝库中，一直流传到了梁代，其中整个刘宋时代当然都是保管着的。武帝死后，少帝即位，少帝后第三个即位的就是少帝的弟弟文帝，他在元嘉三年（426）制作了前文说到的元嘉刀。他之所以在刀背上雕刻长篇铭文，视作是从父亲带回的夏王赫连勃勃的龙雀刀中获得的启示，应该不会有大的错误。然而有趣的是，作为少数民族君主的铭文十分古雅，而中国正统帝王的铭文却非常实用主义。

从宋到百济、日本

类似于元嘉刀的物品是否赐给了百济王家，史书上没有明证。但在文帝之子明帝的泰始四年（468），时为百济王子的文周王为赠送倭王而打造了七支刀，铭文中的吉祥句与所谓元嘉刀极其相似。由此看来，即便史无明证，这样的情况也是可能的，并不是什么附会。

七支刀东渡日本，在雄略天皇的朝廷中作为礼仪用的装饰品加以展示。此后天皇在斯鬼（矶城）宫时（471），杖刀人之首的记之乎獲居臣为佐治天下而制造了铁刀，可以想象他从七支刀中获得启示，并将奉事的根源镶嵌在了刀身上。他把铁刀带回出生地的埼玉，最后有人将它陪葬在了墓中。

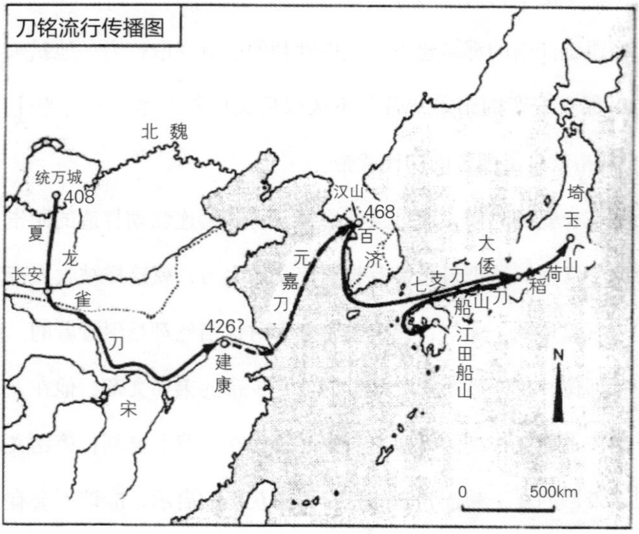

刀铭流行传播图

另一方面，江田船山刀基本可以确定是在雄略天皇治世下制作的，但其年代还不明确。通过与稻荷山刀的比较可以看出，在日本人名前冠以“名”字等做法是具有相似性的。从文章的构成来看，船山刀比稻荷山刀日本化程度更深，可以想象年代上应该更晚。与七支刀和稻荷山刀不同的是，船山刀的铭文是刻在刀背上的，这一点上反而更接近于刘宋的元嘉刀了。但是考虑到刀带有长篇的铭文，将江田船山刀视作在七支刀影响下形成的应该没有疑问。

自古以来，刀剑都伴随着神秘和浪漫的气息。现在考虑长文刀铭的潮流时，我们将其追根溯源到了与汉王朝对立、并使汉王朝深受其苦的匈奴游牧王朝的后裔——大夏天王赫连勃勃所发明的龙雀刀。龙雀刀南渡到刘宋王室中成了明帝的元嘉刀，元嘉刀又渡海百济成了文周王的七支刀，七支刀渡海传入日本后，促进了稻荷山刀和船山刀的制作。虽然现今流传的只有两把刀，但从这两把刀的存在可以推断，当时还生产了许多与之相似的刀剑。

尽管是出于帝王和豪族的喜好，但在5世纪的古代，长文刀铭起于万里长城之外、内蒙古沙漠中的游牧王朝首都，经过刘宋创业英主刘裕之手传入江南佳丽之地、南朝国都，接着又渡海来到百济，承载着年轻王子永远的心愿再次渡海到达日本，最后在近畿分成两路，一支到达埼玉，一支赶赴熊本。以上路径皆由刀剑本身自然形成，单凭这一事实就堪称一首无须润色、弘扬壮丽的浪漫史诗了。发掘出这样的浪漫史诗，就是真正的历史学的任务。但是为了达到这个目的，我们必须积累一个又一个枯燥的考证，除此以外别无他法。

第五章

五世纪的东亚形势

从东晋到南朝宋

雄略天皇被比定为中国史书《宋书》中出现的倭王武，倭王武也是所谓倭五王中的最后一位。五王从最初的倭王讚到最后的倭王武，都与立国于江南的南朝刘宋之间保持着相对于前后时代更为密切的外交，这是非常特殊的现象。在中国所谓六朝时期，立国于江南者，从东晋开始数起经历宋、齐、梁、陈虽然共有五代，其间为何到了刘宋才与日本有了外交关系？解开了这个疑问，就能对当时东亚国际关系的演变大势有一个大致的理解。

宋武帝刘裕像

两国间要建立外交关系，必须以两

者间存在共同的利益要求作为前提，并且需要某种特别的契机来促进。那么，时值公元5世纪，日本的大和朝廷和中国以长江流域为中心的江南政权，分别发生了怎样的变化呢？为了说明这个问题，首先从中国的形势说起比较方便，毕竟握有东亚主导权的就是中国。

汉代的倭人

在古代，每当中国内部发生大的政变，就会向周边地区扩散，形成重大的影响。

这样的现象早在春秋战国时期就初现端倪，但起到决定性作用的则是西汉第五代君主武帝的领土扩张政策。武帝在即位后的第三十三年，出兵攻灭了古朝鲜国，并在当地设置四郡作为中央政府的直辖地（前108）。四郡中最为繁荣的是乐浪郡的治所，位于今天的平壤，一般认为其统治一直波及首尔一带。在它的刺激下，南方的马韩、弁韩、辰韩，即所谓三韩民族间也终于出现了形成国家的动向。位于南方的日本，经过乐浪郡中国官僚及商人之手，开始为中国本土所知。据说，当时的所谓倭人分成百余个小国,各自割据一方。这百余国中,有三十余国此后赶赴乐浪郡进行贸易。

武帝以后，汉政府的统治力不断松弛，到了末期的王莽时代，群雄在四方割据称霸。光武帝的出现使全国重新统一，建立起东汉王朝，其威势再次向四方伸张。光武帝即位第三十三年，所谓倭人百余国中的奴国遣使来到东汉的都城洛阳朝贡，并带回了光武帝下赐的印绶。奴国是位于九州西海岸的国家，其位置应该在今天福冈到长崎一带 。

到了东汉中期的安帝永初二年（108），叫作倭国王帅升的人物派遣使者，贡献生口（奴隶）160人，请求拜见天子，此事记载在《后汉书》中。

这次的朝贡恐怕是倭国一方积极推动的，其理由大概是出于倭国王帅升称霸国内的需要。记录中使用了“倭国王帅升等”的复数表达，这是因为被纳入倭国政权下的地方小王也在使者之列。如果这些小王完全臣属于倭国王，那就不需要这样写了，只记录作为代表的倭国王一人就可以了。献上的 160 人生口是个大数目，这种情况下，汉朝廷会根据贡品的价值进行下赐，朝贡的目的本来就在于此，因为朝贡也是一种贸易。

倭国的小王们根据份额提交生口，如果有下赐品，就根据出资额进行分配。倭国出现了一个人作为国王的代表者，这在中国史书中是第一次，可见在这一事实前后，倭人百余国的统一进入了新的阶段。树立了霸权的倭国王，恐怕在外交上也创建了新的体制。历来，三十余国各自自由来往乐浪郡进行朝贡，获得贸易上的利益后返回。在倭国王的统制之下，这样的模式被禁止了，代之以有序的朝贡贸易。这一新体制需要东汉朝廷的认可，所以才出现了那一年的朝贡。

三国魏与倭女王

此后大约过了一百年，东汉末期爆发了黄巾起义，天下分崩离析。占据辽东的公孙氏政权将朝鲜半岛收入囊中，在乐浪郡以南、今天的首尔地区新设了带方郡。这与其说是半岛中国化的推进，不如说是因为作为和三韩、倭国贸易的起点，原有的乐浪郡过于偏北了。还有一点值得注意，公孙氏政权希望与江南吴国的孙氏结盟，因此开始了海上的交通。从长江口发船，借助贸易之风（季风？）北上就来到了日本的五岛列岛，进而到达朝鲜半岛的南部。这里依然离乐浪郡太远，随着带方郡的设置，历来由乐浪郡占据的国际贸易港的地位，就移交给了带方郡。

作为濒临灭亡的东汉王朝的大臣，曹操平定了黄河流域。其子曹丕接受汉朝的禅让而继承皇位，他就是魏文帝。到了下一代的明帝，又派遣大臣司马懿攻灭了占据辽东的公孙渊，朝鲜地区自然就纳入了魏国的领土（238）。曹魏统一政权的压力是地方割据政权所无法相比的，就在公孙氏灭亡当年，倭女王卑弥呼的使者难升米及副使都市牛利渡海来到了带方郡，提出希望前往魏国朝廷贡献物品。

带方郡太守刘夏将倭国使者送达洛阳，这时的贡品仅有男生口四人、女生口六人、斑布二匹二丈，这可能是带方太守在司马懿的授意下催促倭国的朝贡，倭国紧急之下派遣使者的结果。魏国朝廷因恢复带方郡的效果如此快速显现而感到满足，于是在这年年末下达诏书，册封女王为亲魏倭王，并通过带方郡送来了金印紫绶。中国政府是非常现实的，在招揽属国朝贡时，通常会想方设法地给予优待。

倭国对魏国的朝贡此后延续了很久，即便在魏国大臣司马氏篡夺政权建立晋朝之后，依然能看到"遣使重译入贡"的记载。所谓重译，恐怕是指伴随着朝鲜半岛上统一马韩而形成的百济国人，首先将日语翻译成百济语，再由百济语翻译成汉语来表达意思。换言之，这也暗示着当时的倭国朝廷中还没有能够说汉语的翻译。

司马氏建立的晋王朝消灭了江南的割据政权孙吴而统一天下，但一族间争权夺利的武力冲突却成了祸根。趁着中央政权的衰落，境内及边疆的少数民族纷纷谋划独立，于是出现了所谓"五胡乱华"的时代。此后，华北地区长期处于战乱之中，倭国的朝贡自然也断绝了，史书中不见记载。

晋王朝将华北拱手让给五胡后，退居江南后以建康（南京）作为都城，史称东晋，此后又保住了一百多年的命脉。但是在对外态度上，东晋总体而言是消极的，不再显示出招揽四方诸国前来朝贡的热情。

但是到了东晋末年，中国的对外政策突然散发出了活力。东方的百济和倭国也时隔多年后派遣了朝贡的使节。有迹象表明，他们的朝贡都被利用于江南政权的内部纷争。那么，东晋政府究竟发生了什么呢?

东晋江南王朝

洛阳的西晋王朝因五胡战乱而瓦解，同族的元帝逃亡江南，在建康，即今天的南京开创了东晋王朝。当初的长江流域还是未开发的蛮夷之地，但随着豪族和难民从华北南下定居，同时也带来了优秀的文化和技术，土地开发有了显著的进展。这样的形势持续了近百年，停滞的江南生产力终于显示出了活力，这也表现为政治力量的出现，江南政权出现了反攻华北的可能性。但是，这一事业无法期待流亡政府东晋的贵族性官僚的指挥，而必须依赖于江南大地上新崛起的实力者集团。

东晋政府自成立之初就沿袭了华北的贵族政治，官僚全部是贵族，官僚的人事进退也全由家格的高低决定，这样的门阀制度还在顽固地执行着。这一方面抑制了官僚间的自由竞争，有着将内乱减小到最低限度的效果。但是另一方面，过于形式化的贵族主义人事也招人反感，难免引起不平之人的叛乱。每当出现这样的叛乱，就不能不倚靠军队的力量，每当军队建立军功，作为指挥的将军就会掌握权力。于是，和贵族政治难以两立的军阀势力得以抬头。

东晋治下的军阀有两个中心。其一是镇守首都建康附近京口的北府军阀，其实战部队沿长江北岸展开，肩负着从北方保卫首都免遭进攻的任务。那里的军人大多是从华北逃来的战士，中间也混杂着五胡的少数民族，子子孙孙地位世袭。另一个中心在长江上游的荆州，位于江汉平原的中心，他们一方面防备着来自关中、四川的入侵，一方面拥有强大的水军，遏制长江流域发生的叛乱。

军阀的抬头

最早崭露头角的，是荆州军阀的首领桓温。桓温曾率领荆州的军队沿长江而上讨伐蜀地，消灭了盘踞当地六代四十五年的氐族政权成汉国。但是就在桓温西征期间，朝廷的贵族官僚间都对事情的成败持消极态度。

蜀道自古以来号称险阻且长远，桓温率领少数军队深入敌境的做法十分危险。在这样的舆论中，只有刘惔一人站出来说道：

> 桓温是擅长博弈的，如果没有取胜的把握，他绝不会贸然发动战争。问题是平定蜀国之后，他一定会仗着自己的功劳伸手干涉朝政。[1]

其实，桓温之所以能够不断建立功勋，这也是当时华北的五胡争夺长

1 原文为："以蒱博验之，其不必得，则不为也。恐温终专制朝廷。"见于《晋书·刘惔传》。

期持续，分裂中又生分裂，地方政权极度分化的结果。

于是，桓温又谋划起了第二个功勋。当时，强大的石勒、石虎所建立的后赵政权瓦解，华北陷入了四分五裂的局面。从长安到洛阳是过去中国的首都圈，如今被羌族军阀姚襄占领，为防万一，姚襄也向东晋通好。东晋朝廷洞悉姚襄势力衰落，便以殷浩为主帅领军北伐，对姚襄发动袭击。但是，殷浩是纯粹的贵族出身，他没有桓温般的才略，反而大败而归，被追击到了淮水以南。

桓温强令朝廷罢免了殷浩，亲自掌握了北伐军的指挥权。从此，朝廷的实权归于桓温之手，政治和军事上都能够任意而为。桓温从殷浩手中夺过兵权后，立即施展他的才能，从江陵率军北伐，进攻盘踞关中的氐族出身的苻氏建立的前秦国。桓温击败了前秦的前军，古都长安就在眼前，于是在霸上摆开阵势。从前，西楚霸王曾召见汉王刘邦，召开所谓的鸿门宴，当时汉王的军队就驻扎在霸上。但是，秦军的抵抗十分强烈，加上粮食运输不济，桓温只得放弃眼前的长安而撤军了。

桓温认识到，粮食补给是远征所不可缺少的条件，于是他利用江南发达的水运谋求东山再起。他沿着后世大运河的航线，利用后世成为大运河一部分的水路，将军需用品用船运到了黄河一带。在与姚襄军的战斗中，桓温顺利将其击破，平定了西晋的故都洛阳一带。收复故都是东晋贵族士大夫梦寐以求的心愿，桓温的得意之情可想而知。他清扫了郊外的西晋天子陵墓并奉上祭品，向朝廷报捷的同时还奏请重新迁都洛阳，从而专心于平定华北。当然，朝廷对于是否采纳这一提议也是颇费踌躇的。桓温所攻下的，只是荒废的古都洛阳和附近狭小的伊水盆地，河北的前燕慕容氏和陕西的前秦苻氏政权都在虎视眈眈地伺机南下。桓温见朝议对北伐十分冷淡，于是收兵撤退了。

桓温北伐的失败

事到如今，桓温的立场变得非常微妙。为了维持一度掌握的军政大权，他必须不断地采取行动。只要稍有停顿，反对势力就会行动，一旦有所行动就有扩大事态的可能。位极人臣的权力者是不允许任何失败的，哪怕一点小事都有可能成为垮台的原因。

桓温好不容易收复了古都洛阳，却因河北前燕国南下，驱逐了东晋的驻兵而重新被占领。桓温的最大功绩化为乌有，所以他必须不惜一切代价夺回洛阳。他再次沿着大运河一线，通过舟船运送军需品，水陆并进讨伐前燕。在黄河流域的平原上，大军沿河道北上，到达枋头的时候，前方出现了可怕的强敌，那就是前燕的名将慕容垂。慕容垂挡住了东晋水军的前进，同时集结八千骑兵伺机而动。桓温因船行受阻而粮草断绝，面对这样的险境，即便是桓温也无法前进了，唯有带领全军撤退才是上策。

他焚烧了丢下的军船，以免落入敌军之手，然后带领全军开始缓缓撤退。能征善战的桓温在后军配置了精兵，十分谨慎地开始撤退，但连续几天都没有发现前燕军追来的动静。终于，松懈的队伍陷入了混乱，只顾向前奔跑，以求尽快到达己方的阵地。慕容垂正是在等待这一时刻，时机已到，精锐全部出击，在襄邑袭击了松散的东晋军。桓温大败，在战场上留下三万具尸体后只身逃脱。这是闻所未闻的大溃败，桓温的名声一落千丈。

东晋与百济

这时桓温能够采取的态度或硬或软，只能选择一种。本来，他应该辞去一切公职，闭门反省等待朝廷的发落。但他无法拿出这样坦诚的态度，因为至今为止他树立了太多的敌人。一旦示弱，就会遭到反对派的围攻，不用说地位，连生命都可能被剥夺。事已至此，只能继续保持强硬，走一步算一步，这是他的决心。

首先，他为了不被问及战败的责任，将罪责推给了部将袁真，坚称作战上的失利都是因为袁真没有服从他的命令，因而向朝廷请求处罚袁真。愤怒的袁真将阵地、部队全部投降给了敌国前秦，桓温又率军讨伐叛乱，将胜利视为自己的功劳，从朝廷获得了莫大的赏赐。

但是无论怎么隐瞒，真相总有公诸天下的一天，他的立场变成越发艰难。为了打开困境，只有发动革命，自己成为天子了。但是为了推行革命，在准备阶段有必要首先将自己的威名展示给国内外。这是自古以来实行废立最有效的方法。桓温突然率领军队进入首都建康，占领皇宫后逼迫皇太后下诏令天子退位。这位天子在位五年并无失德之处，却因被废而没有皇帝的谥号，史称废帝或者海西公。代而即位的是废帝祖父的弟弟简文帝，这一年中实行改元，太和六年（371）在十一月改元为咸安元年。事已至此，禅让革命任谁看来都是势在必行的了。

第二年，咸安二年（372）正月七日辛丑，百济王的使者首次与南方林邑国[1]使者一同入朝朝贡，这中间必定有着某种深意。这是一场示威运

1 林邑国：位于今天越南中部，秦汉时为象林县，东汉末象林功曹之子区连自立为王。唐代以前中国史书中称林邑国，唐肃宗至德年间改作环王国，9世纪以后称为占城，17世纪末亡于广南阮氏。

动，向内外宣示以桓温为代表的东晋朝廷的威严已经向北到达百济，向南到达林邑。古代辅佐周成王的周公为了修德，曾希望南方越裳氏的使者来朝。现在，不仅有越裳的后裔林邑王的使者，还加上了百济的使者。无论怎么想，这都是在桓温的指使下邀请百济使者来朝的。

正因为如此，入朝的百济使者得到了破格的优待。六月归国时，东晋的使者与之同行，册封百济王余句为镇东将军，领乐浪太守。到了下个月，五十三岁的天子简文帝突然病死。据说，桓温似乎事先察觉到了天子将去，希望死前将皇位禅让给自己。但是，大臣们立刻拥立了皇太子孝武帝继承皇位，这使得桓温十分恼怒。

废帝海西公

孝武帝即位的宁康元年（373）三月，桓温也染病了，进入七月后病情恶化而去世。他的病是在建康得的，朝廷大臣似乎预想到他不可能东山再起，因而不断地出谋划策。这是不可思议的，前后事情中似乎隐藏着后世无法知晓的秘密。但有一点可以肯定，这一切的政局变动都是面对桓温禅让革命的阴谋时，朝廷中出身名门的大臣谢安等人拼死抵抗的结果。

我在前文的七支刀研究回顾中，曾介绍了将刀的制作年份视为海西公泰和（太和）四年（369），由东晋朝廷命令百济王世子将七支刀送给倭王的观点。但是，如果像我这样理解东晋废帝海西公治世前后的情况，当时的政局是无法实行这样悠闲的计划的。特别是按照我的理解，百济向东晋朝贡是在桓温篡位的阴谋逐渐显露的咸安二年（372），也就是太和四年（369）的三年之后。这一年正是桓温北上讨伐前燕，在枋头大败于慕容垂的那年。在日本，这一年作为倭五王之首的倭王讃是否已经即位还没有定论。总之，东亚的外交形势在当时还没有成熟。东晋朝廷精心打造的剧情要将百济和倭国卷入其中，这终究是难以想象的。

桓温的野心化作了一场梦，但手握兵权的武将已经能够对贵族官僚环绕的朝廷施加决定性的影响。特别是桓温废了毫无罪行的天子，离革命仅一步之遥。如果他还活着，革命毫无疑问将会实现。这一现实状况如不改变，出现第二、第三个桓温也只是时间的问题。事实上这样的情况真的出现了，第二个桓温正是桓温的幼子桓玄，第三个桓温则是打倒桓玄后取而代之的京口军阀刘裕，他就是宋武帝。

桓玄的篡夺

父亲去世的时候桓玄只有五岁，在父亲的关爱下，桓玄继承了家业。桓温开创了以武力为后盾专横跋扈的先例，东晋政界盛行权力崇拜之风，上下都感染了这种风气。换言之，朝廷中文官党同伐异，通过阴谋争权夺势，地方上军阀混战，将军队和领土私有化，不理会朝廷的命令。因为父亲的行为，当时的桓玄遭到朝廷的冷遇，久久不能得志。但他在军阀的私斗中逐渐展露出头角，父亲桓温培养的军阀潜质不可小觑。

从历史大势而言，六朝时代是贵族制度兴盛的时代，但贵族制的关键就是尊重血缘。如果文官官僚是贵族制，军人也有军人式的贵族制。过去在桓温手下战斗的军人，如果可能的话，都希望为继承者桓玄而战斗。再者，桓氏是大家族，一族中的不少人都在各地军队中占有重要的地位。以有利的条件作为背景，桓玄的势力正在显著成长。

在围绕荆州统治权的私斗中，桓玄战胜了军阀杨佺期以及与之结盟的殷仲堪，将长江上游一带的兵权完全掌握在了手中。

而在建康朝廷中，实权都掌握在王室一族中的会稽王司马道子和他的儿子司马元显手中。元显感觉到了荆州军阀桓玄扩展势力的威胁，告知首都附近京口的北府军阀首领刘牢之，与之结成同盟以对抗桓玄。

刘牢之自先祖以来都是军人出身，屡建军功。当时前秦王苻坚基本统一了华北，甚至下令朝鲜半岛的高句丽、百济、新罗前往朝贡。当苻坚携连战连胜之势如波涛般入侵东晋领土时，刘牢之在挫其锋芒、粉碎其统一江南的野心上居功甚伟。这场决定天下局势的大战就是历史上著名的淝水之战，史书中将功劳归结于朝廷大臣谢安和前线指挥战斗的侄子谢玄，但这些都是贵族社会写成的史书的歪曲。

会稽王世子司马元显奉天子安帝的诏命，令刘牢之为先锋，起兵西征与桓玄决战，但刘牢之却因桓玄的收买而倒戈，西征军大败，总帅元显以下的首脑人员全部被杀。桓玄意气洋洋进入都城，自命宰相，号称楚王。最终，他迫使安帝让位，自称大楚皇帝，废元兴二年年号，改元为永始元年（403）。桓玄以父亲桓温的事业作为背景，但却跳过了理应经历的阶段，一步就实行了禅让革命。

刘裕的登场

这当然就会招来世间的反感，四方兴起了反抗运动。其中实力最强的就是代表北府军阀的武将刘裕。刘裕本是刘牢之的属下，刘牢之进退失据，企图内通桓玄来获得巨大的奖赏，结果却在桓玄的逼迫下自杀，有实力的北府将军也几乎同时遇害。这反而给刘裕提供了自由行动的机会，因为北府军阀失去了年老的将领，迫切期待有才能的新领导者的出现。刘裕暗中集结反桓玄的势力，谋划兴起义兵，然后夺取了自己军阀的根据地北府，掌握兵权后奇袭建康。胆怯的桓玄几乎没有作战就丢弃都城，撤回了根据地荆州。权势家一旦失去权力，其末路就十分凄惨，作为倚靠的江陵城内也发生叛乱。桓玄逃出城后在路边被杀（404）。被桓玄废位的安帝重新回到都城复位，但以后朝廷实权都落入了刘裕的手中。

刘裕以北府军阀为背景，击破桓玄后合并了荆州军阀。但他还有一个必须交战的对手，那就是盘踞在首都附近、海岸地区民众间的原始道教集团，这些信徒的中心就是从事海商交通的人。

海上势力的道教集团

东晋以来定都建康，也就是今天的南京。所谓“南船北马”，南方交通多赖于船舶。随着与南方海岸地区的交通日益频繁，出于海路安全开始建造巨大的船舶。船中央的居住区是巨大的楼房，高达十二丈。海上交通本来是民间从业者来往于不同的地区，通过交换买卖产物而从中获利的途径。后来，政府为了获取税收，也只得对他们加以利用。随着交通的兴盛，从业的劳动者数量变得庞大，本来水上交通就带有很大的危险性，于是追求现世利益的道教在他们中间扩散开来。

这一宗教始于东汉的张陵，也被称为天师道、五斗米道，站在儒家立场上加以贬低时，则被称为妖术、道术。其教义尚未理论化，所以无法与后世组织化的道教相比。但由于是属于同一系统的信仰，两者之间能够找到许多共同的要素。最大的目的就是长生不老，其成员号称长生人。为了长生就需要养生的方法，称为秘术，习得秘术者可以升仙，也就是成为仙人。秘术中还包含着预言，预言因方式不同，有时会成为反体制的因素。教义尚未发达、信仰预言的新兴宗教，往往也盛行教主崇拜。一个本来不具有反体制的色彩，与普通民众之间也没有冲突，把知识分子、资本家包括在内也不矛盾的团体，往往会因为教主的预言而受到当时政府的镇压。

五斗米道盛行于首都建康东方的所谓三吴地区，也就是今天江苏南部到浙江北部，其开山祖师是当地的杜子恭。据说他有许多奇异的迹象，善于愚民。北方的孙泰来到此处向他学习法术，继而成为教主。孙泰预言，晋王朝的命脉已不长久，必须早日考虑自卫之策。他的预言遭到了政府的憎恨，因而被判处死刑，当时正是会稽王道子、元显父子当政的时候。

但是孙泰的党徒并不相信他已经死了，而是认为像金蝉脱壳般脱离肉体而升仙了。他们拥立孙泰的侄子孙恩为教主，并向孙恩隐藏的海岛捐献资金。这一海岛恐怕就是舟山列岛，当时的史书将此事称为“入海”，这一点十分有趣。因为这样的表达和千余年后关于明代倭寇的记录完全一致。事实上这一五斗米道集团就是以海为土、以船为城的海上王国。他们通过贸易获利来维持集团，和平时期与陆上的人民一起居住，如果遭到镇压就乘船逃亡海岛，这样的做法和倭寇是一样的。

道教集团的叛乱

孙恩对会稽王道子父子怀有怨恨，他趁着道子主导的东晋朝廷在政治上失去民心，便以吴郡为首，号召三吴八郡的信徒纷纷起来袭击地方长官，企图建立一个宗教王国。然而，即便是一时号称数十万之众的集团，在官军的接连讨伐下也相继溃散逃入海中。孙恩不忘志向，多次试图起兵进攻内地，但都失败返回海上。孙恩最后一次举兵是趁着桓玄掌握实权之初的政治混乱，但那次同样遭遇了惨败，最终投海自尽了。但他的信徒称之为“水仙”，相信他获得了永远的长生不老。接着，孙恩的妹夫卢循被推举为教主。另一方面，由于桓玄本身正热衷于推行禅让革命，对于这样强劲的对手使用怀柔政策更为有利，于是卢循被任命为永嘉太守，要求他取缔信徒。

在刘裕击破篡位者桓玄，拥立东晋安帝复位的战斗中，卢循利用江南动乱的间隙率领信徒沿福建海岸南下，占领了今天的广州番禺作为根据地。虽说是海上国家，当时这次远征的机动力已经足以令人震惊了，但他们之后还将发挥出更强大的机动力。

刘裕从迎奉安帝、掌握朝廷实权的第二年（405）开始使用义熙年号，此后东晋王朝就名存实亡了。刘裕位极人臣后，下一个目标就是天子，因此，他必须像桓温一样通过外征来建立功勋。幸运的是，当时的华北再度出现分裂的倾向，割据成几个小国。从前燕中分出的南燕位于靠近东晋的山东，只领有五州之地却号称皇帝。着眼于此的刘裕借助此前桓温的智慧，沿着后世大运河的水道水陆同时出兵，攻陷其首都广固，俘虏南燕皇帝慕容超而归。

趁着刘裕北伐的间隙，广东的卢循翻越五岭进入江西，他们砍伐树木制造军舰，沿赣江进入长江流域。这支部队的中心是原来的三吴居民，后来成为身经百战的精兵，能够如臂使指地奉命行动。他们占领江州后进攻到了建康附近，这时军队已经膨胀到了十余万人。但是在战争方面，刘裕是更胜一筹的。他将叛乱军驱逐出三吴后，又募集当地居民，着手建立海军。其中的水夫，恐怕原本也是和孙恩、卢循一样的五斗米道信徒。

新建的海军南下追赶卢循，经由福建沿海到达广东后，袭击了卢循的留守部队，进而夺回广东。卢循的部队在长江上被刘裕拦住了去路，只好尝试向上游扩张领土，但结果并不理想，同时又传来广东失陷的报告，卢循只能放弃战斗撤回。然而，广东已经落入官军之手，无论怎样攻打都无法夺回。落魄的卢循沿海岸逃亡交州，也就是今天的越南。卢循大势已去，跟随的军队不断减少，最终被追讨军剿灭了。

倭国的朝贡

刘裕攻破南燕是在东晋安帝的义熙六年（410），讨伐卢循、平定五斗米道叛乱是在义熙七年（411）。到了义熙九年（413），高句丽和倭国入贡来献方物，特别是倭国来江南朝贡尚属首次。这一连串的事实，相互间必定存在着某种关联。这时的倭国使臣恐怕得到了优待，但史籍中没有记载。不过仅过三年之后就再次朝贡，这就暗示了其中必有奥秘。

日本与中国交通，历来是通过朝鲜半岛的西海岸，进入渤海湾后上陆，溯黄河往西来到洛阳。但是与南朝的交往无法采用这条线路，而是横渡东海，直接在长江口附近登陆才比较便利。最早利用这条海路的，恐怕就是桓温招来的百济朝贡使。不过，百济朝贡一次后失去了联系，等到下一回倭国遣使，中间已经有了四十一年的空白。这一现象暗示着，桓温时代的渡海技术还不发达，出于不安而没有连续往返的自信。

东晋末年倭国朝贡后，三年之后百济也加入了行列，以后每隔数年就能看到朝贡使的往返。只有航路的安全基本得到确保，才可能出现这样的现象。那么，这时航海技术的进步是如何可能的呢？我认为，这或许是被称为五斗米道的三吴道教信徒和海上交通人员开辟了航路的结果。我并不赞成过于重视道教对古代日本的影响，但如果说有若干影响的话，那就是上述的这一情况了。

刘裕一方面将孙恩、卢循视作对手加以讨伐，一方面也吸收其中的投降者，同时募集三吴的信徒，建立了规模巨大的海军。其中必然有通晓水路的熟练水夫。

道教的信徒中历来包含着好奇心旺盛的科学家和探险家。他们的愿望就是长生不老，而适当服药是最直接的方法，这就踏出了寻求秘药的一步。由于探险之心旺盛，遇到高山就要爬到山顶。同样，遇到大海的话也会不断探索前方。特别是中国人对南方和北方没什么兴趣，对于西方和东方却充满了憧憬。自古就有传说，西方有西王母，东方有仙境，那里有着长生不老的药。秦始皇在位第二十八年（前219）时，命令齐人徐市（徐福）带领童男童女数千人进入东海来到三神山，向那里的仙人乞求长生不老之药。这一故事见于《史记·始皇本纪》，所以不是传说而是史实。虽然结果没有成功，但徐福的故事还被转载到了《汉书·伍被传》中，可见东海三仙山的信仰此后也长期存在于中国人之间。

所以，后来道教信徒的海上交通者中，存在想去那片土地一探究竟的人也毫不奇怪。当然，他们必定是从高句丽、百济的同行那里获得了充分的基础知识才付诸实践的。刘裕效仿桓温的做法，在禅让革命的预备阶段促成了外国中具有贵客资格的倭国前来进贡，其间必定利用了新纳入麾下的三吴海上交通者的经验。

宋王朝的建立

倭国使者入贡是在义熙九年，虽然高句丽也同年朝贡，但两者恐怕不是同道。高句丽入贡的航线更偏西，可能是擦过山东半岛的尖端后南下。倭国贡使没有结伴百济贡使单独入朝，这一点值得注意。百济之所以被无视，可能是因为它在桓温时已经进贡，因而对于刘裕来说，以百济进贡宣扬自己的武威效果很小。不过三年之后，再次出现了百济朝贡的记载。

义熙的年号仍在持续，到了第十三年，刘裕率北伐军进入关中，建立了一度占领长安的伟大功勋。第二年二月，刘裕弑杀安帝，立其弟恭帝即位。下一年篡夺帝位，建立了宋王朝，刘裕就是高祖武帝。有宋一代，倭国和百济不断向江南的首都建康派遣朝贡使。

身经百战的武帝终于继承了帝位，但在位仅仅三年就去世了。继位的少帝因行为失德遭到群臣的废黜，群臣又拥立他的弟弟，即太祖文帝。文帝的治世长达三十年，因其年号“元嘉”而被称为“元嘉之政”，是一个太平的时代。清朝冯云鹏《金索》中所载的汉元嘉刀，在我看来就是制造于文帝的元嘉三年。文帝的元嘉之政难免存在两个瑕疵，其一是遭受北魏的进攻，江北一带归于荒芜；其二是元嘉三十年，文帝自己也被太子刘劭所杀。

宋与倭五王

文帝元嘉二年，倭王讃再次进贡，遣司马曹达奉表进贡方物，但这恐怕是文帝告知自己即位的消息后催促朝贡的结果。对于没有朝贡的百济，这一年文帝也特意派去了使者催促入贡。

宋文帝在位期间，倭王讃去世，其弟珍即位。一般将讃比定为仁德天皇，弟弟珍比定为反正天皇，但这也是有异议的。倭王珍遣使入宋朝贡，自称官职为：

> 使持节，都督倭、百济、新罗、任那、秦韩、慕韩六国诸军事，安东大将军，倭国王。

希望宋朝皇帝正式承认这一职位。宋朝没有答应他的全部要求，下诏任命为安东大将军、倭国王。倭王珍对此并不满足，多次要求承认前面提出的职位，那么这次宋朝廷的拒绝究竟意味着什么呢？简而言之，就是宋朝廷坚持重视百济的政策，而日本作为扩张本国势力的理由，出于全新现实的认识，要求宋朝廷向重视日本的政策转换。

如前所述，百济向东晋朝贡早于日本。在刘裕已经掌握实权的义熙十二年（416），百济王被任命为使持节、都督百济诸军事、镇东将军，刘裕建立宋朝的那一年又进号为镇东大将军，此后代代保有这一官职。

与之相对，倭国在进入宋朝以后才于武帝刘裕的永初二年（421）派遣了朝贡使，被授予怎样的位号史书中没有记载。到了文帝时候，倭王珍提出了与百济王官位相抵触的“使持节都督倭、百济”云云，以及与百济王镇东大将军相匹敌的安东大将军的职位，这就引起了问题。那么，对于当时的倭王而言，都督百济诸军事这样的官职，具体来说有着怎样的意义呢？

当时的沿海各独立国都有着自己统治的海域，今天的世界各国也是一样。面对黄海的高句丽和百济，以及面对玄海[1]的日本，通过各自的海上路线与江南王朝交往。如果是敌对关系，就会相互妨碍对方的海上路线。《三国史记》卷二十六记载，百济于文周王二年（476）向南朝宋派遣了朝贡使，但由于高句丽阻塞道路而未能到达。同样的事情还发生在东城王六年（484），当时的南朝已经进入了齐的时代。

倭与三韩

当时的倭国已经从海上压制了对马海峡，所以半岛南部的任那、秦韩、慕韩以及新罗如果要向南朝进贡，没有倭国的同意或者许可，就无法在海上行船。恐怕当时的这些国家都是跟随倭国的船只，才能够获得到江南王朝进行朝贡贸易的恩惠。从倭国的角度来看，这就是都督新罗、任那、秦韩、慕韩诸军事。但现在倭国还要再加上百济，换言之，百济将失去独立的海上航线，被包含在倭国的海域之中。又换言之，百济将失去独立与江南王朝开展朝贡贸易的权力，如果不屈居在倭国的阴影中，就无法进行朝贡。因此，南朝宋政府不能不加以拒绝。

根据《三国史记》，当时的百济与北方高句丽连年作战，但高句丽终究是大国，所以百济屡屡败北，只能向海对面的日本，也就是当时的倭国寻求援助，有时甚至交出太子作为人质，以图两国之间结好。这一时期的倭国不仅统一了濑户内海的海面，还领有山阴冲和九州周边的海域，进而

1 玄海：这里指玄界滩，位于日本九州西北部的海域，也称“玄洋”。

压制了对马海峡，成为海上的一大势力。以百济为首的半岛南部诸国不得不承认，与其和倭国敌对，不如将它利用为同伴。《北史》卷九十四《倭国传》中说道：

> 新罗、百济皆以倭为大国，多珍物，并仰之。恒通使往来。

倭王向南朝宋提出了无理的要求，百济恐怕也是隐隐知晓的。但它并没有把事情闹大，而是装作不知道的样子，连年向宋奉表贡献，从未有过懈怠。

倭国的要求

另一方面，倭国对宋朝廷的要求接连不断。文帝元嘉二十年，倭国进入了珍的弟弟济的时代，在告知世代交替的同时，大概又重复了前面的要求。这时，宋依然只承认安东将军、倭国王，延续了前一代的官职。不过到了元嘉二十八年，文帝又授予了倭国王：

> 使持节，都督倭、新罗、任那、加罗、秦韩、慕韩六国诸军事，安东将军，倭国王。

换言之，除去倭王要求的百济，加上了加罗，数字上仍是六国，都督六国诸军事；安东的号不是大将军，而依然只是将军。这里的倭王济被比定为允恭天皇。

倭王济去世后，世子兴即位时没有自称倭王，而是以倭王世子的头衔向宋朝遣使朝贡，请求承袭王位。连倭王之位都要等宋朝下达诏令后才能自称，可见是非常慎重的态度。对此，宋朝在世祖孝武帝大明六年下达优渥之诏，承认爵号相续，但内容仍止于安东将军和倭国王。这里略微有些年代上的龃龉，倭王兴应该是安康天皇[1]，根据日本的年表，其元年是孝武帝孝建元年（454），此后第八年才是大明六年，但在日本这一年倭王兴已经去世，是其弟弟雄略天皇的第六年了。雄略天皇就是宋朝廷所说的倭王武，也是倭五王的最后一位。

七支刀的赠主

宋朝孝武帝在位十二年去世，太子十六岁继位，但因无理由地杀戮近臣和老将而失去了人望，在其叔父唆使下，遭到近臣的暗杀，他就是所谓的前废帝。叔父代而即位，就是明帝。他是宋天子中最后一个保住帝位的，在位时间仅八年。

明帝最初的年号是泰始，泰始四年（468）就是我推定的七支刀的制作年代。当时的百济是盖卤王十四年，因苦于北方高句丽的连年入侵，最后向北魏派出使者请求援助，但是这一计划没有成功。后来盖卤王在与高句丽的战斗中败北，继承王位的就是文周王。文周王还是太子时就担任上佐平经营国政，他就是七支刀中出现的百济王世子。上佐平是设立于腆支王四年的官职，《三国史记》称其“如今之冢宰”。因此可以说是相当于内阁大臣般的掌权者。如果没有太子身兼这样职务的时代，专断地向外国赠送珍贵物品就有些难以想象了。盖卤王的末路十分悲惨，当时是南朝宋的

1 安康天皇：生卒年不详，日本第 20 代天皇，允恭天皇之子，雄略天皇之兄，讳穴穗（あなほ），即位三年后遭到暗杀。

末期，继承明帝之后的后废帝元徽三年（475），盖卤王无法抵抗高句丽长寿王的进攻，逃出汉城（今韩国首尔）后被原来的部下俘虏杀害。此前，太子文周王曾向新罗请求援军，借得一万军队而归。高句丽军撤退后，文周王即位。为了避开敌军，他将都城南迁到了熊津，以图挽回局势。

倭王武的上表

百济的没落，反而促使了日本势力的上升。三年后，宋朝继承后废帝的顺帝昇明二年（478），被认为是雄略天皇的倭王武自称“使持节，都督倭、百济、新罗、任那、加罗、秦韩、慕韩七国军事，安东大将军，倭国王”，遣使上表。表中记述先祖功业的语句十分有名：

> 东征毛人五十五国，西服众夷六十六国，渡海北平九十五国。

他夸耀了本国的武威，接着又力陈高句丽无道，阻碍了百济和倭国入贡的航路，因而请求允许征伐，惩戒暴虐的高句丽。为此，他还自称开府仪同三司，希望宋朝加以承认。

其实，这里的征讨高句丽云云是有些偏离靶心的，当时南朝的正面敌人是占据华北的北魏，高句丽在更加北方，正是牵制北魏的力量。如果从“敌人的敌人就是朋友”的理论出发，高句丽不如说是宋的友邦。但是，宋朝廷必定也听说了百济的衰颓。也许是面对倭国的一再请求难以拒绝，于是将倭王武的位阶提升一级，由安东将军升格为安东大将军，其他官职仍然和以前一样。

《宋书·倭国传》所记述的是当初作为后进国的倭国，在东晋衰退、宋朝兴起的转换期开始介入东亚关系之中，它频频向宋代要求提高自己的地位，最终晋升为安东大将军。这样一则执拗的外交努力的记录，读起来十分有趣。

倭王武被任命为征东大将军的昇明二年，其实也是宋王朝的最后一年，实权已经落入大臣萧道成的手中。第二年，萧道成迫使顺帝让出帝位，建立了齐王朝。萧道成就是南朝齐的太祖高帝，前面的顺帝很快就被杀害了。

南朝齐经历了七君二十四年后让位于南朝梁，梁朝包含高祖武帝的鼎盛时期在内，持续了五十四年，此后让位于南朝陈。倭国向江南王朝的朝贡在梁朝以后就断绝了，也许是陈朝国力衰微，或者记录不完备，史籍中不见记载。

虽然倭国持续向江南王朝朝贡，但它并不是从心底里忠顺的藩臣。进入隋唐时代后所显露出来的对旧秩序的反抗态度，在那之前就已经有了先兆。像这样与后世相互关联，才是真正的历史的读法。

后记

司马迁将他撰写的《史记》的最后一卷，也就是第一百三十卷命名为《太史公自序》。在记述自己的家世、生平和对学问的抱负后，又展示了《史记》各卷的题目，简单介绍了它们的内容。从今天的眼光看来，这也起到了目录索引的功能。

我的这本书分量很小，本身就不能和《史记》的卷帙浩繁相比，并且开头就有前言和目录。但是作为给读者的服务，我模仿《太史公自序》，将极其简要的内容提要摘录于此，这也并非毫无价值。

关于包括七支刀在内的雄略三刀，历来经前人之手，所公开的文献足以堆满一间房间，甚至有人会问，如此细致入微的研究，还有什么可以补充呢？但我还是有自己的见解，虽然短小也已经集成了一本书。既然是做研究，就必须提出与前人不同的见解，这一点也是读者最关心的地方。所以，再次将我的独创之处加以整理，这未必是徒劳之举吧。

首先是关于七支刀的年代，针对历来西晋泰始四年（268）、东晋太和四年（369）、北魏太和四年（480）等观点，我首次提出了南朝宋泰始四年（468）的观点。正面铭文最初的“泰”字，最近将其视为“太”字的观点似乎最为有力，但我考虑到年号的性质，主张直接使用“泰”，而第二个字通过菅政友识别的形状，相信可以构成“始”字。

日期的“五月十六日”，历来的解释都是失败的，我证明了只有在泰始四年，这一天才称得上是夏季的月份中最堪称盛夏的日子。正面最后的“□□□□作”，历来读“作”的字应该是“祥”字。由此，历来视为不可能复原的上面四个字也可以推测为“永年大吉”。

反面的铭文，“百济王世子”以下的“奇生圣德”读作“奇特而生来有圣德”，这样就消解了历来将后两个字读作“圣晋”或“圣音”后必须多费唇舌的问题。当然，我也不否定最后的“德”可能是“贤”“资”“质”，总之是往赞颂世子德行的方向去解读，这一点不变。

“为倭王旨造”的第四个字，历来被视为倭王的名字，或者读作“圣旨”的“旨”，这都难免产生违和感。我将“旨”看作“尝（嘗）”，“尝造”就是“初次制造”，和上文的“先世以来未有此刀”相照应，文意也很通畅。

七支刀铭文共六十一字，一字不漏填入文字的，我是第一个。而且在解读方面，无须过多解释就能疏通意思的，我恐怕也是第一个。

其次是新发现的稻荷山出土铁刀的铭文。开头的“七月中记”当然可以读作“七月中记录”，但我提议是否可以将“记”连接下文看作氏族名，读作“记之乎獲居臣”。根据汉文的句法，应当尽可能避免同一文字的重复。由于最后的地方已经写着“记奉事根原”，如果读作纯粹的汉文，开头的“记”字应该有其他的含义。

再次是“加差披余”四个字，如果视作固有名字，则感觉与日语的语调不符，加上这里有必要强调出主语。所以我主张将“余”字断开，读作第一人称代词。从修辞上说，这里的“余”对应了下面的“吾”。

“至今獲加多支鹵大王”一句，历来几乎都在“至今”后断句，而我主张应该读作“至今獲加多支鹵大王”。因为在“大王”处断句，接下来就能读作“侍在斯鬼宫时”，没有难以读通的地方。

“为左治天下”的第一个字，读作“吾”是一个重大错误。如果识读为“吾”就和下面的“吾”形成不必要的重复，而且“左治天下”必须被认定为历史性事实，那么文章整体的意思就很奇怪了。

“乎獲居臣”家世中出现的人名，目前无法和正史中的人名进行比定，因此不尝试无用的探索。

关于江田船山出土的大刀，这是我第一次发表意见。“大铁釜”改为“美铁一釜”，“六十振三寸上好利刀”改为“造十握三寸上好利刀”，由此疏通了意思。

此外还有诸如将“也”改读为“世”这样细微的变化。这一铭文似乎历来没有人完整解读过，如果真是这样，我的尝试又可以说是第一次了。

为了考证七支刀的源流，我举出了所谓的“汉元嘉刀”，并考证出这其实是南朝宋的元嘉三年刀。此外，我还将长文刀铭的源流追溯到了五胡时代的夏王赫连勃勃。

最后是对5世纪，也就是所谓倭五王时代东亚形势的概述。我最用心的地方在于当时倭国的实力，当然这里必须避免过于看重倭国的国际地位，但是也不能无视或者轻视，必须在两者之间划出一条平衡线。这一点上我可能与历来各家之说多有不同，这些不同之处可以作为我的特色。

在我看来，七支刀是鲜明反映5世纪东亚形势的代表性文物，从中大体可以看出5世纪时日本的形势。日本古代史的研究应该从5世纪开始，然后逐渐往上古追溯，这才是最有效的方法。

如果认为历史学没有创造性，也不需要独创性，那就大错特错了。虽说是已经过去、如今不复存在的世界，但将一度遗忘的价值复原，就如同参与创造了新的价值。再者，任何学问领域进行到一定程度，都常常会遇到无论怎样尝试都难以逾越的障碍。这时为了进一步前进，必须暂时离开原有的方法，考虑其他的新方案，这里就需要独创性了。

我离开学校、身边没有学生已经有很多年了。这次时隔很久又有了和学生一起做汉文解读练习的兴趣，于是写成了这本书。也因为如此，书中随处可见看似无用的重复和笨拙的说教。不过行笔至此，我还是想再多说几句。

虽然研究的对象很小，但最初就框定狭小的范围，在这一领域中如同寻找油田般依靠钻探机械的做法是不可取的。终究必须像以前的先生们一样，首先拥有广阔的范围，然后从周边逐渐向目的地发掘，否则就无法获得有效的深度。如果作为辅助手段而引入计算机，我也是能够理解的。为了使我的学生将来走上讲台时不至于误人子弟，我迫切希望他们在自己年轻的时候就掌握完备的研究方法。这本小书，不仅是作为5世纪东亚史的一个侧面，更希望大家站在如何学习历史的角度上来阅读。

参考文献

主要参考书

*《菅政友全集》，国书刊行会，1907 年；

* 福山敏男：《石上神宫的七支刀》，上田正昭编《日本文化的起源》2，平凡社，1971 年；

* 栗原朋信：《关于七支刀铭文的一种解释》，同上；

* 榧本杜人：《七支刀铭文再考》，同上；

* 坂元义种：《带文字的考古学资料诸问题》，《研讨会日本古代史》下，光文社，1980 年；

* 村山正雄：《"七支刀"铭文一考》，《朝鲜历史论集》上卷，龙溪书社，1979 年；

* 佐伯有清：《七支刀与广开土王碑》，吉川弘文馆，1977 年；

* 村山正雄：《关于七支刀铭文的"侯王"》，《朝鲜学报》104，1982 年。

作者日本史相关著述

* 《日出之国与日暮之处》，星野书店，1943年，后收入《亚洲史论考》（上）；
* 《东洋史上的日本》，《日本文化研究》，新潮社，1958年，后收入《亚洲史论考》（下）；
* 《世界史中所见日本的黎明》，《日本的历史》，读卖新闻社，1959年，后收入《亚洲史研究》V；
* 《日本的官位令与唐朝的官品令》，《东方学》18，1959年，后收入《亚洲史论考》（中）；
* 《关于三韩时代的位阶制》，《朝鲜学报》14，1959年，后收入《亚洲史论考》（中）；
* 《万宝槌考》，西田先生祝寿纪念《日本古代史论丛》，1960年，后收入《亚洲史论考》（中）；
* 《幕末的攘夷论与开国论》，《信浓教育》935，1964年，后收入《亚洲史论考》（下）；
* 《读过〈论语〉的人们》，《思想》600，1974年；
* 《关于天皇称号的由来》，《思想》646，1978年；
* 《稻荷山古刀铭文的文脉》，《日报》，1978年11月11日晚刊；
* 《如何读"记纪"——日本上古史的素描》，《思想》669，1980年；
* 《七支刀铭文试释》，《东方学》64，1982年；
* 《大和朝廷的水军基地》，《信浓日报》1982年10月21日—23日。

文库本后记

听说中央公论社要将我的新书《谜一般的七支刀》出版为文库本，一瞬间我有点怀疑自己的耳朵。这本书竟然能够吸引那么多的读书人，这是我做梦都没有想到的。

我对各位前辈的七支刀铭文释读抱有疑问，这是由来已久的了。总想着什么时候也试着阐述自己的观点，这次借着东方学会委托我演讲的机会，我才有机会将平日里的意见表达出来。我对历来各家的观点最不满的地方在于，铭文中不能解读的文字就试图读作倭国王或者百济王的实名，这居然毫无反对就堂而皇之地通过了。自称实名或者称呼对方的实名，在外交上有着极大的深意，这应该是当时东亚世界约定俗成的事。也就是说，称呼自己的实名表明臣属于对方，而称呼对方的实名意味着把对方视为臣下。历来的各种解读方法，多数都对这一约定视而不见。

我的讲演很快以活字形式在会刊《东方学》的第六十四辑上发表 [昭和五十七年（1982）7 月]，我内心对自己的新见解颇有自信，因此很是得意。这当然也是因为我通过可靠途径得知，朝鲜史专家、前辈内藤雋辅[1]教授曾经赞扬我说："哎呀，这样一来，七支刀也解决了。"于是第二年的昭和五十八年（1983）9月，我将这篇论文作为基础，附加了关于稻荷山铁刀和江田船山大刀铭文的观点，以中公新书703《谜一般的七支刀》为题再次面世。

关于著述的内容，我内心有一定程度的自信。特别是先人都将铭文最后读作"□□□□作"，把□□□□视作工匠的名字，解释为"□□□□制作"。但我认为，在这里插入"某某作"的文字是不自然的。再说，背面的已经记载了"百济王世子造"的含义。

几经思考后我得出结论，这五个字依然是承接上文的吉祥句。最后一个字"作"无法成为吉祥句，那其实是读错了。那么原来是什么字呢？一定是个"祥"字。由于表面剥落，"祥"字左边的衣字旁被读成了单人旁，右旁的"羊"字看成了"乍"，合起来正好就是"作"。这不是推理小说一样的名推理吗？既然是"祥"，上面的□□就是"大吉"，再上面的□□可以考虑"永年"之类的二字吉祥语。连起来就是"永年大吉祥"，这是金属器铭文上常见的套话。

这五个字的新解释在我心中自负为一大杰作，可是谁也不来夸奖我。我只从《点和线》的作者松本清张先生那里获得了称赞，他说："历来视为'作'的字改读为'祥'，这是千古不易的铁案。"

此外为了读通全部铭文，我的新读法试图克服历来解释中所有的难点。首先是最重要的制作年代，我将开头的四个字读作"泰始四年"，比定为

---

1 内藤雋辅：1896—1990，日本历史学者，冈山大学教授，专攻日朝关系史。

南朝宋明帝的泰始四年（日本雄略天皇十二年，公元 468 年）。铭文的第二个是腐蚀最为严重，先人苦心孤诣填入了种种文字，而我遵从铭文最早的解读者菅政友的读法。后世诸人或用红外线，或用显微镜透视，提出了种种新的学说，但无论使用什么工具，原来看不见的东西就是看不见的，留下的痕迹不足以下达决定性的判断，仅仅是给予提示。菅政友的时代，是后人不断锉磨、刮削之前，应该还留有与原先铭文相近的形状。但是关于“泰始”的解读，我不同意菅政友的晋武帝泰始四年说（268），而是改为南朝宋明帝的泰始四年，推后了二百年。当时的东亚世界正值日本被称为倭王武的雄略天皇开展活跃外交的时代。而在百济，这是盖卤王晚年世子（文周王）担任摄政而掌握实权的时候，他作为父亲的代理人将七支刀送往日本，这也毫不奇怪。像这样百济王世子走到外交前台的时代，除此以外几乎再没有出现过。

其次是铭文的制作月日，写作“五月十六日丙午正阳”，这里的“五月十六日”值得注意。五月是仲夏，也就是阳气最旺盛的暑月，这一点没有问题。但是一般会将日期写作这个月的中间一日，也就是十五日，却为什么偏差一天而写成了十六日呢？关于这一点，历来多数的研究者都视而不见。我认为，泰始四年这一年的夏天是四月小、五月大、六月大，总共八十九天，如果选取中间一天的话正好就是五月十六日。所以铭文的作者不是选取了五月的中间一天，而必定是选取了夏季三个月的中间一天，即是五月十六日。如果寻找满足这一条件的年份，众多备选项中只有刘宋的泰始四年是符合的。从这一点而言，刘宋的泰始四年说也是绝对有利的。

再次，“丙午”这一干支与实际情况无关，只是普遍用作金属铸造日期的惯例，没有任何问题。下面的“正阳”也是一样，就是指阳气最盛的那天。

还有关于背面的铭文，开头部分读作

先世以来未有此刀，百济王世子，奇生圣□

最后两个字众说纷纭，有人读作“圣晋”，比对为中国王朝的名称，但这不免牵强。我认为应该读作最普通的

奇生圣德

这样解读最为自然。接下来的

故为倭王旨造

六个字，文字识读上基本没有异议，但其解释是多种多样的。最重要的是第五个字“旨”，将其视作倭王名字的观点一时盛行，但从当时的外交约定上看这是不恰当的，如今已无须多言。这种情况下，所有的金属铭文都适用省略笔画的简体字。也就是说，这里的“旨”是“尝（嘗）”的简体字形。“尝”的原意是“品尝”，由此生出“尝试”，再衍生为“首次”的意思。这种情况下，读作“尝试”也可以，但读作“首次”意思更清晰。也就是说，应该读成：

故为倭王尝造（在此为倭王旨首次制造）

像这样前后连贯给出合理说明的尝试是前所未有的。因此，我默默期待着此书一经问世，日本古代史的一节将会因之改写。但实际上，除一部分热心的赞成者外，学界对此的反应十分冷淡，甚至可以说是完全无视了。从以前开始就隐隐感觉到，比起东洋史来，我国的国史学界要封建得多，考古界尤其如此。正因为这样，才会将《三国志·魏书·倭人传》中“卑弥呼以死，大作冢，径百余步（大约五十米）”的明文斥为误记，站在狭隘见识的立场上，编订了错误的古坟时代年表。

平成三年（1992）十二月

宫崎市定

译后记

宫崎市定是日本东洋史学京都学派的代表人物，一生著述等身，研究领域涵盖东亚史、中亚史、西亚史和欧洲史等，在同时代学者中无人能出其右。这本《谜一般的七支刀——五世纪的东亚与日本》正是宫崎先生在东亚史领域的一部力作。众所周知，供奉在石上神宫的七支刀是百济世子赠送给倭王的礼物，承载着两国永世友好的政治愿望。本书以七支刀的刀身铭文作为线索，在逐字释读的基础上追溯了长文刀铭的源头和流布，从中折射出这一时期波澜壮阔的东亚世界。本书最早由中央公论社于 1983 年出版，1992 年以“中公文库”形式再版，随后收入《宫崎市定全集》第 21 卷，现今由楚尘文化推出中译本。

第一次拜读宫崎先生的著作可以追溯到七年前。那年秋天，业师张学锋先生正着手主持《宫崎市定亚洲史论考》的翻译工作，粗通日语的我也有幸被吸纳为译者队伍的一员。虽然是第一次接触学术作品的翻译，但论著轻松明快的语言风格令我倍感亲切。宫崎先生不仅有广阔的视野，更重要的是具备将复杂的历史问题抽丝剥茧的能力。他的论文中很少看到大段的史料，却总能以严密的逻辑将疑团层层剖开，通过环环相扣的证据推导出令人信服的结论。行文时而幽默，时而严厉，时而娓娓道来，时而谈笑风生，品读之间妙趣无穷。

去年八月，我在业师的推荐下承担起《谜一般的七支刀》一书的翻译工作。时隔多年再次接手宫崎先生的著作，心中的喜悦与感慨可想而知。受命以来，不敢有一日懈怠，有时一整天都会在电脑屏幕前度过。南京的夏天挥汗如雨，但阅读宫崎先生的文字总能让我获得心灵的宁静，不知不觉间窗外日已西沉。余生也晚，未能亲受宫崎先生指点，幸而业师曾赴东瀛求学，师承京都学派的正统。不才如我，忝列师门之中已属幸运，如今又能致力于介绍宫崎先生的著作，心头时常涌动着一股使命感。

我曾以隋唐时期的东亚关系作为硕论的课题，其间最大的困扰莫过于无法及时了解国外（特别是日韩学界）的研究动态，对学术史缺乏全面深刻的认知。事实上，宫崎先生本人就十分重视学术史，本书中便有专列的一章用于梳理自菅政友以来有关七支刀的研究。每念及此，不免会对过去的研究心生惶恐。不过可喜的是，近几年来国内学界的这一困境已经有了很大改善，学术翻译正呈现出蓬勃发展之势，宫崎市定的作品更是受到了各层次读者的喜爱。本书作为众多学术著述中译本的一种，如果能为进一步健全学界的翻译机制起到抛砖引玉的作用，那将是作为译者无上的光荣。

本书付梓之际，首先要感谢业师张先生的推挽，翻译过程中凡遇疑难之处，也都离不开先生的耐心点拨。初稿完成后，好友刘萃峰细心通读了全文，详尽指正译文的错误和不妥之处，使我获益良多。李淼先生自始至终给予大力的支持和鞭策，敬职敬业的态度令人感佩。还有众多帮助本书顺利出版的老师和朋友，在此一并致以衷心的谢意！

马云超

2017 年 3 月　于南京大学